失敗しない DX

KOBUYが
実現する
真の仕事革命

阿保晴彦 OKAYASU Haruhiko
橋爪康太郎 HASHIDUME Kotaro

時事通信社

失敗しないＤＸ

ＫＯＢＵＹが実現する真の仕事革命

はじめに

皆さんの身の回りで、デジタルトランスフォーメーション（DX）について成功したという事例がどれだけあるでしょうか。また、DX化の効果を社員が実感している会社が、どれだけあるでしょうか。

企業の経営課題の解決手段としてDXを掲げながら、DXそのものが浸透せず、その先にある労働生産性向上や、顧客価値創造まで到達しない、そんな悩みを抱えている経営者の方はいないでしょうか。

本書は、導入企業の間接材購買業務をDX化するプラットフォーム「KOBUY」について取り上げ、サービス設計の経緯から結果までを詳述し、さらに導入企業への取材を通じて、どのようにすれば「失敗しないDX」を実現できるのかを解き明かしていきます。

現代のビジネス環境は急速に変化しており、企業は競争力を維持するために、絶えず進化を求められています。その中で、ＤＸは、企業の成長と効率化を実現するための重要なカギとなっています。本書では、特に間接材購買の合理化に焦点を当て、ＤＸ（ＫＯＢＵＹ）を活用した具体的な手法や成功事例を紹介します。

間接材購買は、企業のコスト構造に大きな影響を与える重要な分野でありながら、これまで十分に注目されてこなかった側面もあります。しかし、適切なＤＸ（ＫＯＢＵＹ）の導入により、間接材購買のプロセスを大幅に改善し、コスト削減や業務効率の向上を図ることが可能となります。


「その仕事、本当に必要ですか？」

「なぜ必要なのですか？」

「その方法で行う必要はありますか？」


これらの問い掛けは、間接材購買の合理化を進める上で非常に重要です。また、非常に単純な問い掛けに見えるかもしれません。だからこそ、これまで発見できず、また見直されることのなかった、業務に潜む「合理化に反するルール」や

「習慣」、「古いシステムを前提とした業務フロー」を浮き彫りにするきっかけとなるのです。

あるべき姿と現状のギャップを見つめ直すことで、企業・組織の中で、ＤＸが進まない問題点を発見し、現行のプロセスを見直し、ムダを排除し、より効率的な方法を模索し始めることができるのです。

間接材購買の合理化を進めるためには、部門横断のプロジェクト化が不可欠です。各部門が連携し、情報を共有することで全体最適を図れます。部門ごとに異なる購買プロセスや基準を統一し、効率的な購買活動を実現するためには、プロジェクトチームの設置が効果的です。

社内のＤＸプロジェクトでは、デジタル部門やＤＸ推進チームだけが旗振り役として奮闘している、そんな姿に映っていることはないでしょうか。自部門が、ＤＸ化の過程で、プロジェクトに参画したり、自然と巻き込まれたりする経験はあったでしょうか。そうでないＤＸプロジェクトは、「浸透しない」という失敗事例に近付いてしまうことになりがちです。

多くの企業では、不要な仕事が行われている半面、必要な仕事が十分に行われていないという問題があります。

これにより、リソースのムダ遣いや重要業務の遅延が発生します。DXを活用することで、業務の可視化と分析が可能となり、不要な業務を排除し、必要な業務に集中することができるようになります。

購買データの正確性も重要な課題です。

多くの企業では、購買データが手入力で管理されており、これが正確でない場合があります。手入力によるミスやデータの不整合は、購買プロセス全体の効率を低下させる要因となります。DXを導入することで、データの自動化と正確性の向上が図れ、リアルタイムでのデータ分析が可能となります。

人的リソースの有効な配分とデータの活用は、企業の今後の成長につながる、持続的にビジネスを継続することができるかどうかという、根源的な課題に直結します。

現在、日本は人口減少に歯止めがかからず、労働人口減少という大きな課題に直面しています。悲観的な言い方になるかもしれませんが、日本の少子高齢化、人口減少問題は、基本的には「解決不可能」な条件となっていくでしょう。

生産年齢人口の減少は、労働力不足や国内需要の減少を引き起こし、経済規模の縮小を招く可能性があります。このような状況下で、労働生産性向上は企業の成長、そして存続に不可欠です。

ＤＸを問題解決の手段として活用することで目指すべきは、働く人たちを最大限に支援し、労働生産性を向上させることに、他なりません。

そのＤＸの成功事例がなかなか少ない点にこそ、本書を編纂しようとした動機がありました。


では、ＤＸ化を実現した企業の、その後の理想的な姿とはどのようなものなのでしょうか。

経営者にとって迅速な意思決定を支えるためには、月次決算のスピード化が欠かせません。月次決算を迅速に行うことで、経営者はタイムリーに財務状況を把握し、適切な戦略を立てることができます。

従業員にとってムダな作業を排除し、価値のある仕事に専念できる環境を整えることは、モチベーションと労働生産性を高めるために不可欠です。DXを導入・活用することで、業務プロセスを自動化し、従業員がより戦略的で創造的な業務に集中できる環境を整えることができます。

DXを成功に導くためには、正確な現状把握、適切な技術の選定と導入、データの活用と分析、外部システムとの連携、外部パートナーとの連携、継続的なプロジェクト管理が重要です。これらの要素を組み合わせることで、企業は合理化を実現し、ムダな仕事をなくし、価値のある仕事に専念することができます。

KOBUYを題材にして、DXを成功に導くために知るべきこと、そしてDXの成功によって期待される目標について本書では知ることができます。

本書は4部構成となっています。

- 第1部 業務改善こそが経営課題

日本が置かれている人口減少社会を前提とした、企業・大学・経営者が置かれている現状について整理します。その上で、経営者が目指すべきこと、そして実現の手段として必要なＤＸを説明します。ただし、ＤＸツールを導入するだけでは問題は解決しません。間違った導入によって「ＤＸ失敗事例」が量産されている状況についても分析します。

- 第２部　ＫＯＢＵＹのＤＸ化はなぜ成功するのか？
ＫＯＢＵＹによる間接材購買ＤＸは、なぜ成功するのかを解き明かすために、ＫＯＢＵＹを導入する際に何が行われているのかに迫ります。この中で、重要なキーワードとなる、「KOBUY Journey」（コーバイ・ジャーニー）と、ＫＯＢＵＹの導入担当者の振る舞いである「合理化の鬼」という、２つのキーワードについて解説します。加えて、ＫＯＢＵＹのビジネスモデルであり、シリコンバレーで急成長した企業と同じ形態である、「マルチサイドプラットフォーム」についても紹介します。

- 第３部　私たちはこうしてＤＸを成功させた

ＫＯＢＵＹはさまざまな業種、業態において導入が進んでいますが、その中から建設業、大学、製造業をピックアップし、ＫＯＢＵＹによるＤＸ事例について担当者へのインタビューをお伝えします。また、ＫＯＢＵＹ導入企業が間接材を調達するサプライヤーでのＤＸも成果を上げており、サプライヤーとバイヤーの双方でのＤＸ成功が重要であることをお伝えします。

- 第４部　ＫＯＢＵＹの未来

ＫＯＢＵＹによるＤＸ成功事例から、ＤＸ成功によって企業がどのような変化を享受することができるのか、またさらなる労働人口の減少が見込まれる「２０３０年問題」に向けて、ＫＯＢＵＹは一体どのような貢献ができるのか、近未来の構想について共有します。

本書が、読者の皆さまにとって間接材購買の合理化に向けた一助となり、企業の持続的な成長と競争力強化に貢献できることを願っています。

なお、現在もＫＯＢＵＹは進化を続けており、絶えずよりよいサービスを提供できるように改善を続けています。本書で紹介される事例や組織は取材・刊行時のものであり、最新情報はぜひKOBUYサイト（https://www.kobuy.co.jp/）をご覧ください。

ＤＸを活用した企業の業務転換、働き方改革の実現、合理化による時間の確保が、企業の未来を切り拓くカギとなることを確信しています。

そうした変革を経験した組織こそが、顧客価値を創造することができる企業として持続していけるスタートラインに立つことができます。

２０２５年2月吉日

橋爪　康太郎

目次

第1部 業務改善こそが経営課題

第1章 労働生産性を向上させなければならない重大局面に

第2章 経営者は、必要ない「コスト」を発見しなければならない

第3章

社内のアナログを全てデジタルに変える、が正解ではない

第2部 KOBUYのDX化はなぜ成功するのか？

第4章 KOBUY Journey
——失敗しないDXは、業務フローの徹底的な洗い出しから

第5章 合理化の鬼とコミットメント

第6章 全員にとってWinとなる、マルチサイドプラットフォーム

第3部 私たちはこうしてDXを成功させた

第7章 事例：西松建設
――建設会社の働き方改革がいかにして成功したのか？

第8章

事例：つくし工房 ――月末の請求書送付の総力戦から解放される

第9章

事例：近畿大学 ――熱量を持って伴走することで、DX目標を達成する

第10章

事例：ショップにしもと
——ＯＡ機器・ステーショナリーショップデジタル化の軌跡

第11章

事例：木村文具

——街の文具店のデジタル化伴走で、近畿大学との取引継続へ

第12章

事例：常翔学園

——DXによる業務効率化で、教育機関が注力すべき「教育の質」向上のための時間創出

第4部 KOBUYの未来

第15章 KOBUYが実現する未来

終章 事務作業ゼロを目指し、経済圏を構築する

KOBUYとは何か？

□ KOBUYは、間接材購買のDXプラットフォームである

KOBUY（コーバイ）は、株式会社一貫堂が開発し、提供している、「間接材購買のDXプラットフォーム」です。

企業がKOBUYを導入すると、幅広い物品をサプライヤー（商品を販売する事業者）から、ECサイト感覚で購入することができるようになります。

この「ECサイト感覚で」という部分が重要です。というのも、企業の購買活動の

多くは、アナログ作業の書類作成と手続きが多く、ＥＣサイトの手軽さで購入することができない「仕組み」から、長らくアップデートされていないからです。

ＥＣサイトでの購入は今や幅広い年齢の人たちが、パソコンやスマートフォンから日常的に行っています。

自分でウェブサイトから商品を探し、場合によっては機能や価格の比較も自分で行い、購入する物品を決めて、決済ボタンでカード決済。早ければ翌日には、手元に商品が届くという体験です。

オンラインショッピングが当たり前の我々にとって、会社での物品の購入が書類仕事になっているとしたら、違和感を抱かずにいられるでしょうか。

今、あなたや部下の社員が、会社で何かを購入するとき、ＥＣサイトと同じ方法で注文し、同じように素早く納品されているでしょうか。

もしできていないとすれば、なぜ個人ではできて、会社ではできないのでしょうか。

企業として物品を購入するプロセスは、会社によってさまざまですが、多くの場合、次のようなプロセスを経ることになります。

- 商品選定
- 予算残高の確認（部内、もしくは経理部門）
- 申請（申請書作成）
- 見積（多くの場合、複数社からの見積書受け取り）
- 発注（発注書の発行）
- 納品（商品と共に納品書・請求書が届く）
- 検品
- 商品が申請者の手元に届く
- 請求書にサイン・押印（経理部門に持ち込む）
- 会計システムに入力
- 請求書に従って支払（経理部門により処理）

書類の取り回しや相見積を取ることなどの時間を考えると、多くの場合、申請してから納品までに2〜3週間程度もの時間がかかることになります。

しかし現場によっては、急ぎで必要なものも発生します。その場合に行われるのが、

図1 | KOBUYソリューション

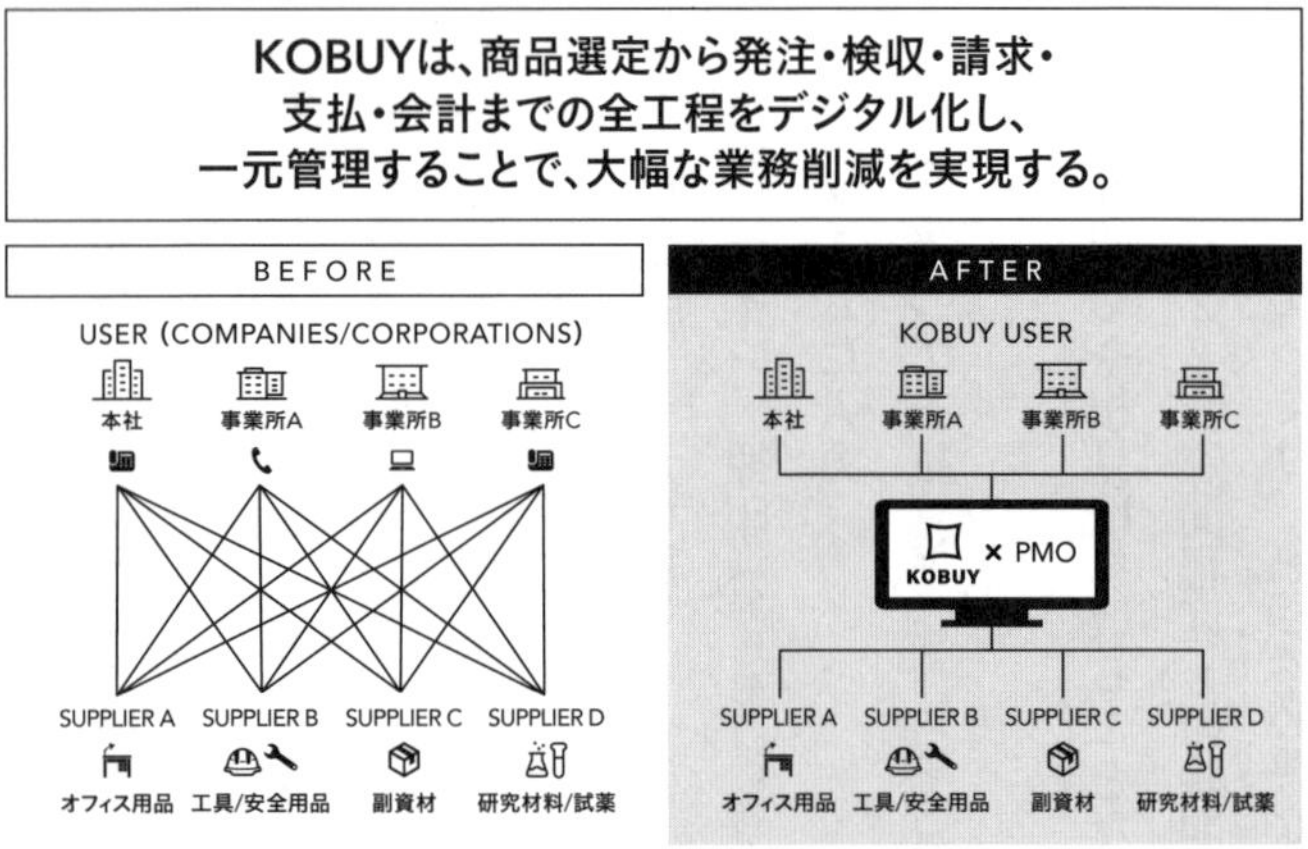

※PMO:購買管理最適化　Purchasing Management Optimization

「立替精算」です。あらかじめ社員が必要な物品を買っておいて、そのレシートや領収書を、月末にまとめて精算するやり方です。

立替精算は一見簡便にも見えますが、検品ができないため予算の不正利用の温床になりがちです。また月末になると、立替精算した人と経理部門の入力作業や手続きが増えてしまい、本来必要のない工数がかかる原因にもなってしまいます。

こうした課題を解決し、必要なものを、少ない手続きで、迅速に手に入れることができるようにする、経理や会計の作業に手間を取らずに済む「EC

時代の当たり前の購買業務」を実現するためのプラットフォームとして、KOBUYは誕生しました。

購買作業をオンラインサービスで実現できるようになり、間接材の調達先の広がりや、事務手続きのデジタル化による自動化・効率化を実現し、社内の業務にきちんと定着させるカスタマイズと、成果が上がるまでとことんサポートするカスタマーサクセスによる伴走を通じて、KOBUYは導入した多くの企業にとって「手放せないサービス」となっているのです。

□ 絶対時間をかけてはならない「間接材」購買

ここで出てくるキーワード、「間接材」と「DX」について、まず明らかにしておきましょう。

KOBUYが扱っているのは企業における「間接材」と呼ばれる物品の調達です。

「直接材」といえば、企業がものづくりをして販売する際に、その材料として調達するものです。原材料、部品などが該当し、簿記では「主要材料費」「購入部品費」に当たります。よく、テレビの値上げに関するニュースで、「原材料費の高騰」などと報じられますが、直接材はまさにこの原材料そのものといえます。

これに対して「間接材」は、燃料や工具、消耗品、備品など、売り物の材料にはなりませんが、ものづくりでは必ず必要となるものを指します。こちらは簿記では「補助材料費」「工場消耗品費」「消耗工具器具備品費」に分類されるものです。

さて、ここで考えてみたいのは、皆さんが企業を経営する立場である場合、直接材と間接材、どちらにより多くのリソースを割くべきと考えるでしょうか。

多くの方は「直接材」と答えるでしょう。

なぜなら、企業が生み出す価値、製品の良し悪し、販売価格に直結するからです。いかに品質の高い材料を仕入れるか。いかに効率的に仕入れを行い、コストを抑えるか。特に大量の材料や部品を使う製品や、大量に生産する商品である場合、調達力もまた、その企業の付加価値を作り出す能力そのものといえるでしょう。

「間接材」はどうでしょうか。同じものならできるだけコストを安く購入した方が良いと考える方がほとんどでしょう。しかし間接材の「安さ」について、調達価格のことだけを考えてしまってはいないでしょうか？

例えば、100円のボールペン1本の調達価格を1円下げたとしても、企業が月に100本しかボールペンを購入しないのであれば、そのコスト圧縮効果は100円、つまりボールペン1本分にしかなりません。

調達価格削減のために既存の取引先と価格交渉をしたり、新しい取引先を開拓したりするなど、担当者の「時間」というコストをかけてしまうと、せっかく作り出した100円という調達コスト減の効果が出るのは、20年後になってしまうかもしれません。

このように、**間接材の調達価格削減に心血を注いでも、直接材のような効果が得られないことがあります。**

それだけではありません。

間接材は、価値を作り出すための補助的な役割を担っているので、そこに工数を割くことは、本業の価値創造に貢献しません。間接材調達は、本来、社内のリソースを割いてはいけない業務なのです。

実際、皆さんの職場ではいかがでしょうか。例えばペン1本、コピー用紙1冊を買うときの手間は、ペン1本の価格を上回っていないでしょうか？

□ 山積する「DX」の失敗事例をいかに回避するか

もう一つのキーワードは「DX」です。

DXはデジタル・トランスフォーメーション（Digital Transformation）の略語で、2004年にスウェーデンのウメオ大学で研究するエリック・ストルターマン教授によって作り出された概念です。

デジタル技術を用いて、働く人の本質、ひいては企業の在り方を変化させるような変革のことを指します。2010年代後半からDXというキーワードは日本でも聞かれるようになり、業務へのデジタル導入のためのマーケティングにも活用されてきました。

2020年に発生した新型コロナウイルス感染症の拡大で、それまでのような対面での業務が難しくなったことから、業務のリモート化が進み、否応なしにデジタル化が求められるようになりました。これをDX化の契機とした企業も、少なくないのではないでしょうか。

しかし**日本企業の課題として、ＤＸが成功しにくいという事情があります。**

デジタルツールやオンラインサービスなどの導入が進み、例えば、オンライン会議のように、これまであまり取り組まれてこなかったことができるようになった、という成果を得た企業はたくさんあります。

しかしそうしたツールを導入しても、既存業務や働き方がデジタルによって大きく改善したというところまで効果を実感する事例は、まだまだ少ないのではないでしょうか。

ＫＯＢＵＹを導入した企業の中からも、ＤＸ化のために他の間接材購買プラットフォームを試していたが、効果が出なかった、定着しなかった、余計に業務量が増えた、といった苦い失敗を経験したという話を聞きます。

なぜ、ＤＸがうまくいかないという事態に陥るのでしょうか。その課題に気付いたからこそ、ＫＯＢＵＹは「失敗しないＤＸ」を掲げ、顧客からも定着し愛されるサービスになることができたのです。

□ ＫＯＢＵＹを生み出した一貫堂は、「仕組み」を大切にする

ＫＯＢＵＹを開発した株式会社一貫堂は、名古屋に本社を置く企業で、２００５年（平成17年）６月に、現在も代表を務める長屋《ながや》博《ひろし》が立ち上げた会社です。

ＫＯＢＵＹ以前から、一貫堂は法人向けの業務改善や業務支援に携わっており、特に法人向けの通販「アスクル」の代理店としての売上高は上昇し続けていました。

企業を成長させていく中で、長屋のユニークな点は「営業会議をしない」という社内の方針を貫いたことでした。その理由は、営業担当の努力や根性で成績が上がることを良しとしなかったからです。**営業成績が上がらないのは、戦略を立てる経営者の失敗であって、営業担当の失敗ではない、と考えたのです。**

そうした考え方からも分かる通り、長屋は**一貫堂が「仕組みで成長する会社」であり続ける**ことに、こだわりを持ってきました。前述の通り、社員が無理をして成績を上げるようではダメで、できるだけ手を動かさずに売り上げを上げていくことに集中すべきだ、との考え方が中心にあるのです。

ここでいう「仕組み」とは、一度作った「型」を組み合わせたり、応用したりしながら、問題を解決し続けることです。うまくいかないということは、仕組みづくりが間違っているからで、仕組みの改善をしなければならない、と長屋は自らを戒めています。

一貫堂のビジネスは、営業や商品開発も含めて、どのように仕組み化するかが最も重要だったのです。一貫堂のビジネスの方法論である「仕組み」による成功や、仕組みが成立する時代背景は、ＫＯＢＵＹそのものを形作る際にも大きな影響を及ぼしました。

□ １００億円のビジネスからの転換を決断した一貫堂の「ＤＸ化」

成長していたアスクル事業は、主にオフィス用品・生活用品などを扱う通信販売サービスです。一貫堂は、これらの商品の需要が大きい企業を顧客につける戦略で、大企業を中心に営業を行い、着実に売り上げを成長させてきました。２０２１年3月期で売上高は95億円を上回り、１００億円も目前に迫る勢いとなっていました。

しかし長屋は、一貫堂のアスクル事業を成長させる仕組みを作り上げていく最中の、2012年ごろから、新規事業を模索し始めていました。その後10年で、結果的には1000億円に成長させ、今もなお成長している事業になっているにもかかわらず、当時、長屋は「このままではダメだ」と危機感を募らせていたのです。

その理由もまた、ビジネスの仕組みの変化に関連しています。世界の動き、ビジネスの方法、ビジネスの仕組みといった俯瞰した視点で、アスクル事業の将来を描いた際に、長屋は新規事業の構想に着手しなければならないと考えました。その理由はこうです。

アスクル事業では、オフィス用品・生活用品を中心とした通販サービスを提供してきました。この中心となるのが、コピー用紙やファイル、書類棚、ペンにステイプラー、修正液といった、紙に関わるもの、またホワイトボードやマーカーといった会議室に関わるものなどです。

新型コロナウイルス感染症への対応で、企業の業務でもデジタル化を取り入れるようになりました。つまり、これまでオフィスで行われてきたビジネスが遠隔地間をネットワークで結んで行われるようになり、リアルな場所としてのオフィスで必要だったものや、そこで中心的だった、紙を使った働き方がデジタル技術によって大きく変化（＝DX化）することが、時代背景として決定付けられ、加速したのです。

するとどうなるでしょう。オフィス用品の前提となってきたオフィスという空間そのものが様変わりし、必要なものも変わります。加えて、デジタル化によって紙が使われなくなり、紙中心だった事務用品の市場は、長期的に見れば萎んでいく、と考えるのが妥当でしょう。

これが、長屋が抱いていた懸念の中身でした。**簡単に言えば、紙を使わない働き方が広がるために、紙やそれに関連する用品は売れなくなるという話です。**つまり、２０１２年の段階で、ビジネス分野での通販事業拡大に伴う10年間の成長と、ペーパーレス化の進行によるその後の事業の伸び悩みを、ビジネスの構造として捉えていたのです。

ペーパーレス化で、紙に関連する事業が縮小する。このようにまとめてしまえば、至極当たり前の話でしかありません。だからと言って、10年間で１００億円まで成長させ、いまだ成長中の主力事業を投げ打つ意思決定ができるかと言われると、難しいでしょう。誰もが、惜しい、何とかならないのか、と打開策を見つけようとします。

しかし、**世の中の仕組みが変わるのだから、求められるサービスの仕組みも変わり、そこについていけなければ淘汰される。**長屋の戦略転換もまた、世の中の仕組みの変化によって、決定付けられたのです。

紙に関連する事業から、デジタルを活用した仕組みのビジネスへ。ＫＯＢＵＹを開発する背景には、一貫堂自身のビジネスの「ＤＸ化」がありました。

こうして、一貫堂は、２０１７年4月から、具体的なＫＯＢＵＹ事業の開発着手に取りかかります。

ＫＯＢＵＹは新型コロナウイルスのパンデミックが起きる前のタイミングでリリースすることができました。パンデミックによって、働き方がこれまでのオフィス・紙・アナログの世界から、リモートワーク・ペーパーレス・デジタルの世界へと様変わりしＤＸ化に対応するニーズを捉えて、導入の実績が加速していくことになりました。

□ 複写式伝票を見たら、雑務を疑え

一貫堂を立ち上げる前、長屋は勤め先だった銀行を辞めて、家業の印刷会社に入社

し、印刷工場の責任者を任され、その後経理を任されることになります。その経験が、KOBUYの設計思想に色濃く反映されていきました。

長屋は経理業務の前に、印刷工場のオペレーターとして、請求書の取りまとめに携わる経験がありました。また、半年間は、クライアントを回る営業の仕事もしていました。その上で、経理・会計の責任者になったのです。

各部署を経験したからこそ発見できたのは、経理作業に強いストレスと負担のしわ寄せが集まってくる点でした。伝票を会計システムに入力する作業が随所にあると、どこかでミスが出てしまい、そのミスの箇所を探さなければなりません。

特にまずいのは、複写式の伝票です。長屋はこの伝票を見つけたら、何が何でも廃止すべきだと強調します。それはなぜでしょうか。

複写式伝票は、企業の中だけでなく、個人も銀行や携帯電話ショップなどで当たり前のように目にし、記入してきたものです。ボールペンで1枚目に書くと、それが2枚目、3枚目にも記入される仕組みです。

このことが意味する、とてつもない問題点がお分かりでしょうか。

複写された枚数分、各部署に紙が流れていくということです。紙の管理であれば、それを保管しておくだけでしたが、紙に書かれた情報をパソコンで入力する場合、複写された枚数分、各部署で入力作業が、しかも別々に発生することを意味します。

１００枚の3枚複写式伝票が作られるなら、トータルで３００回の入力作業が発生するといった具合で、工数が増大していきます。

そして、これだけの回数の入力があれば、どこかで入力ミスが発生します。人間の作業ですから、ミスそのものは仕方のないことかもしれません。しかし一つミスが見つかると、どのデータが間違っているのか、部署横断的に探さなければならなくなります。ミス一つでも、紙が3枚あれば、確認作業は3回必要になるのです。

□経理が楽になる仕組みは、会社全体と取引先も楽になる

経理担当になった長屋は、入力作業によるミスの削減を社内外で実現できれば、経理担当である自分も、もっと楽になるのではないか、と考えました。

入力ミスに起因する確認作業、発注・請求・会計が異なる用紙を使っていたことに起因する膨大な雑務をいかに発生させないようにするか。もちろん、「楽できるか？」

という視点は、作業量が減りつつ、正確性が担保されるということを意味しています。

通常、発注者は「①発注書」を作り、これを受注者に回します。これを元に、受注者は、「②請書」を発行して送ります。その後、「③納品書」と「④請求書」を作成し、納品物と共に、発注者に送ります。これを元に発注者は支払を行い、受注者は「⑤領収書」を発行します。

さて、ここで番号が振られた5つの書類は、作成者が発注者と受注者に分かれていますが、書かれている内容は基本的に同じものになるはずです。しかし多くの場合、これらの書類は異なる書式や様式で作成されます。

場合によっては、受注者側が、発注者側の書式での提出を求められることもあり、その場合、受注者は、顧客ごとに異なる書類を作成しなければならなくなります。定型化できないので、当然手作業を余儀なくされるのです。

さて、手作業も介在する書類作成が、1件の取引で5回発生すれば、人間の作業のことですから、どこかでミスが発生することは仕方がありません。

そこで**長屋は、「発注履歴が請求書になる」という仕組みを導入しました。**入力作業が一度で済めば、書類作成の手間とミスをなくせるのではないか、と考えたのです。

発注の際に作成したデータをそのまま使って、相手に請求書を発行すれば、書類作成の手間と、作成時に発生する間違いが起き得ない仕組みになります。発注側が請求データを持っているので、確認のチェックだけ行えば、再入力もなく経理システムにデータごと流し込める、というわけです。

こうして、長屋は経理処理の負担をなくす仕組みを取り入れましたが、これにより受注する相手もまた、書類作成の手間やミスのリスクを軽減することに成功したのです。

□ デジタルプラットフォームであるKOBUYを、アナログ作業で作る

長屋はKOBUYを考案する際、実家の印刷会社であらゆる部門を経験し、最終的に経理を担当する際にいかに楽をするか？　という視点が役立ったと振り返ります。

作成される書類の数だけミスが発生する可能性があるため、データを一度作ったら、それを経理まで保持して取り回していくことが重要です。しかし、その気付きを実現するには、同じデータを、誰が、どの段階で作成しているのか？　という全体像

の観察と分析が必要でした。

そのため長屋は、KOBUYそのものはデジタルプラットフォームなので、ただ導入するだけではうまくいかないという気付きも得ていました。**導入企業における業務の詳細な観察とムダや繰り返し作業の発見を通じて、デジタルをアナログ作業に「沿わせていく」ことが必要だったのです。**

長屋は「一貫堂はアナログ企業だ」と強調します。サービスであるKOBUYはデジタルですが、人が働いているのはアナログの世界であり、アナログをよく知らなければ、デジタルによる効率化や業務改善ができないことを、忘れないようにしているのです。

□ KOBUYが生み出している現象はどんな未来を作るのか

本書は、間接材購買プラットフォーム「KOBUY」の成り立ちと、これまで解決してきた諸問題について解説します。これらの問題は、あらゆる経営者や企業のリーダーにとって、解決すべき事柄でもあります。

企業が作り出す付加価値を高めるために業務改善を行い、手元にあるリソース、特に人材と時間を最大限に有効活用するために、ＫＯＢＵＹが実現している「労働生産性向上」の各社における事例を紹介しながら、ＫＯＢＵＹが目指す未来像、そして日本経済の発展に向けた道筋について考えます。

本書の執筆は、一貫堂で会社全体の事業戦略を構築し、全社の事業をけん引している常務取締役の阿保晴彦《おかやすはるひこ》と、取締役 ＫＯＢＵＹ事業部事業部長の橋爪康太郎《はしづめこうたろう》が担当しました。

阿保は、ＫＯＢＵＹを導入する企業がどうすれば労働生産性向上を実現することができるのか？　という視点に立って、企業で実行すべきＤＸ化の道筋を立ててきました。

そのため、さまざまな業種と規模の企業にとって、ＫＯＢＵＹプラットフォームをどのように生かすかを考え、企業に寄り添って伴走を行い、導入を成功へと導く役割を担っています。

そうした経験から、「KOBUY Journey」といわれる、ＫＯＢＵＹ導入に向けたステップ・バイ・ステップの工程表のテンプレートを策定し、素早く詳細な業務分析を行いながら、改善すべき点、残すべき良い点を見抜いてきました。

阿保は、KOBUY導入が業務改善達成のスタートラインだとして、間接材を購入するバイヤー企業と、販売するサプライヤー企業をネットワーク化していく「サプライヤーネットワーク」の構築を通じて、業務改善と調達力向上を含む継続的な労働生産性向上の実現をサポートしています。

我々が見ている、DX化が進まない日本の現状の問題点、これを改善するための方法論とは、一体どういったものなのか。そして、どのような未来を描いているのでしょうか。

本書で解き明かしていきましょう。

第1部

業務改善こそが経営課題

日本は2008年以降、人口減少社会へと突入しました。2019年には働き方改革関連法案が可決され、5年間の猶予があった運輸・建設・医療分野でも、2024年には残業時間が規制されるようになりました。

働き手が減り、就業時間も法律で上限が定められる中で、これまでと同じか、それ以上の収益を上げるためにすべきことは、業務改善による労働生産性の向上であり、業種に限らずあらゆる日本企業にとっての経営課題となっているのです。

その救世主として捉えられているのがデジタル技術であり、これを活かした経営改善こそ「DX」です。しかし、このDXを成功させるために考えるべきことは、いったい何でしょうか。

第1章

労働生産性を向上させなければならない重大局面に

□皆が「これいらない」と思う仕事ありませんか

経営者として、あるいはリーダーとして、皆さんは、ご自身や部下に、こんな場面を経験させていないでしょうか。

「この仕事、何でやっているんだろう？」

「この作業、効率が悪いな」

「この書類、毎回ミスが見つかるんだけど」

「この処理、自分がやらなくてもよいのでは」

皆さんが職場で「何とかしたい！」と感じる場面の背後には、一つの共通点があります。それは、皆が「これはいらない仕事だ」と感じているということです。

もっと効率的にできないのか。手書きやハンコをなくせないのか。そもそも入力作業さえなければ、入力ミスも起きないのではないか？　そうした疑問を持たざるを得ない状況に囲まれながら、私たちは仕事をしていることに気付かされます。

この気付きは重要です。なぜなら、身の回りの仕事の中のそうした状況や場面は、本書のキーワードの一つである「労働生産性」を著しく下げている可能性が高いからです。

職場での日常を思い出してみてください。職場でこんなあいさつを投げ掛けられたり、あるいは自分自身もしていませんか？

「お疲れ様です」

「ご苦労様です」

目上の人には「お疲れ様です」を使いなさいと入社時の研修で教えられたことがある人がいるかもしれません。働いている同僚をねぎらう気遣いのためのあいさつなのだから、素晴らしいじゃないか。そう思われるかもしれません。

しかしこうした日常的なあいさつもまた、労働生産性の観点からは、疑ってかからなければなりません。

当たり前のように交わすあいさつの中に、どこか、「仕事は疲れるもの」「仕事には苦労がつきもの」という前提が隠れていないでしょうか。

働いているのだから疲れるのは当たり前。仕事が楽なわけがない。仕事とは大変なものだ。そんな前提が共有されるからこそ、「お疲れ様です」「ご苦労様です」とあいさつを交わして、大変であるということに共感を示しているのです。

しかし**労働生産性を高めることとは、できるだけ少ない労力で、最大の生産性を得る方策を追求していくことです。**

何気なく使っているあいさつに込められている、「仕事は疲れるのが当たり前」「苦労するのが当たり前」という前提こそ、労働生産性が上向かない精神性を物語っているのではないかと疑う必要があるのです。

日本の多くの職場は、労働生産性向上と真剣に向き合っていないのではないでしょうか。

図2｜労働生産性

労働生産性とは

- **労働者一人当たりで生み出す成果、あるいは労働者が1時間で生み出す成果を指標化したもの**

$$労働生産性= \frac{\text{output（付加価値額　または　生産量　など）}}{\text{input =（労働投入量[労働者数　または　労働者数×労働時間]）}}$$

- **労働者がどれだけ効率的に成果を生み出したかを定量的に数値化したもの。**
- **労働者の能力向上や効率改善に向けた努力、経営効率の改善などによって向上。**
- **労働生産性の向上は、経済成長や経済的な豊かさをもたらす要因とみなされている。**

公益財団法人 日本生産性本部　https://www.jpc-net.jp/research/assets/pdf/trend_summary_2023.pdf

□欧米に比べ「労働生産性」が圧倒的に低い日本

昨今のニュースでも、「労働生産性」というキーワードがよく聞かれるようになりました。労働生産性は、働いている人がいかに効率よく価値を作り出しているかを測るものです。それは作り出された価値と、労働人数、労働時間によって算出されます。

そのため、これまでの日本のように、多くの労働者を長時間働かせることで生産性を高めてきた場合、**生産量は高まっても、その効率性を表す労働生産性は実は高まっていかないのです。**

労働生産性を高めるには、生産高や付加価値額を多くするだけでなく、同時にそれを生み出すための工夫をして、人数や労働時間を少なくする必要があります。

日本生産性本部2023年調査によると、日本の時間当たりの労働生産性は52・3ドルで、OECD加盟38カ国中30位にとどまっていることが分かりました。

これは、ポルトガルやスロバキアと同水準で、2022年の調査から順位を2つ下げる結果となっています。

また、1年間の1人当たり労働生産性も31位で、ハンガリーやラトビアといった東欧・バルト海沿岸諸国と同じ水準です。先進7カ国の中では最下位となっています。

さらに、このデータで興味深いポイントは、時間当たりの労働生産性が実質的に上昇している要因は何かを分析したところです。

日本の時間当たりの労働生産性は0・8%増加していましたが、この要因は、日本経済の実質成長率が1%増加したことです。これは労働生産性で見ると、労働者数が増加した結果なので、時間当たりの「労働生産性」はマイナス0・2%です。つまり、**日本経済の成長は、労働者数の増加によっていまだに支えられているのです。**

□「人口ボーナス」が封じられる事態がすでに到来

それでも、生産性が高まっていれば、労働生産性が低くても経済それ自体は上向くじゃないか、と思われるかもしれません。確かに日本は、OECD各国に比べて、人口が多く、よく国民も教育されている国と位置付けることができます。人口が増え続けて、その結果、労働者数も増加し続ければ生産性向上につながっていくはずです。

しかし日本は、この人口増加という環境を味方につけることは、今後かなり難しくなるでしょう。すでに日本は、人口減少社会に足を踏み入れているからです。

日本の人口は、1872年に3481万人でしたが、人口増加率1〜1・5％を保ち、1920年に5596万人、戦後の1948年に8000万人を超え、1967年に1億人を突破しました。ただしその後、人口増加率は伸び悩み、2005年の人口増加率は初めてマイナスを記録。一時的には持ち直すも、2011年以降はマイナス幅も大きくなってきました。

日本の人口は2008年の1億2808万人がピークで、2023年までにすで

図3｜日本がこれまで経験したことがない「人口減少」

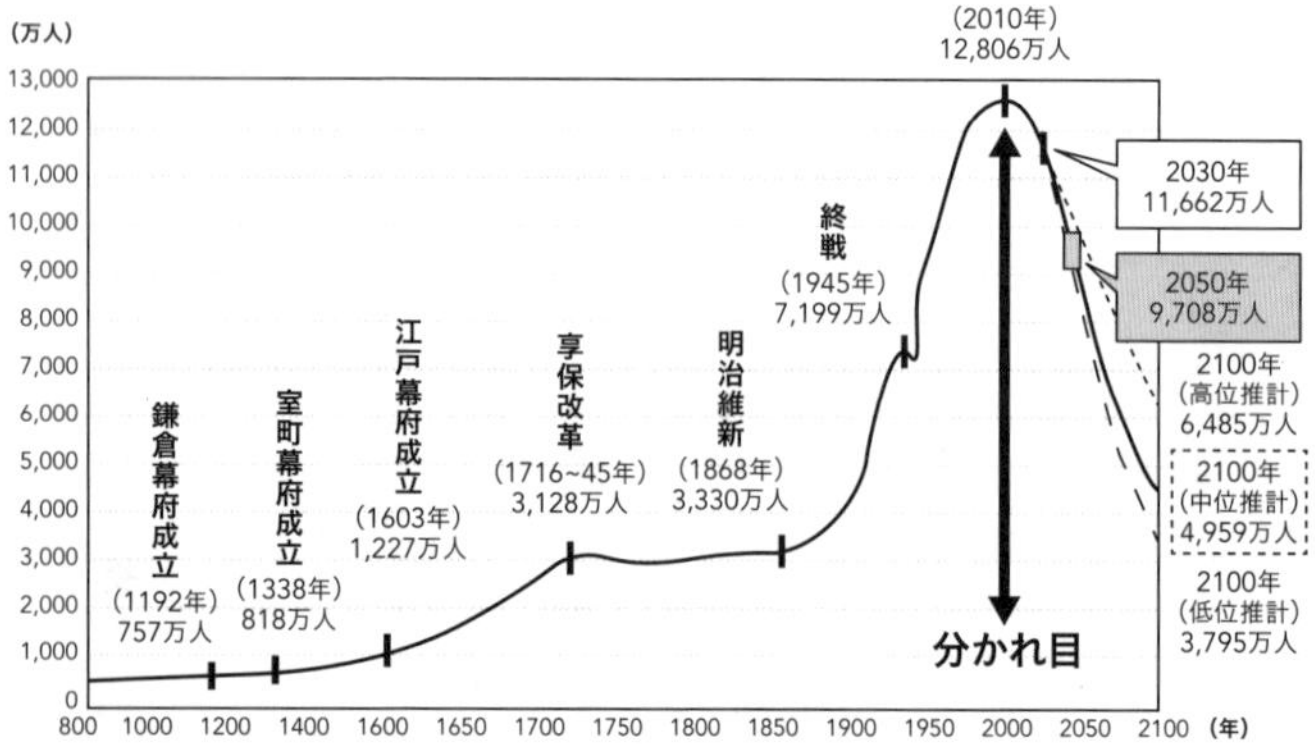

資料)2010年以前は総務省「国勢調査」、同「平成22年国勢調査人口等基本集計」、国土庁「日本列島における人口分布の長期時系列分析」(1974年)、2015年以降は国立社会保障・人口問題研究所「日本の将来推計人口(2012年1月推計)」より国土交通省作成

におよそ370万人が減少しており、2070年には9000万人を割り込むと推計されています。

その原因は出生率の低下にあります。生まれる人の数より、亡くなる人の数が上回り、人口の自然減が起きているのが減少の主たる理由です。

長年にわたる少子化で、合計特殊出生率(人口に対して生まれた子どもの数の指標)の対象年齢である15~49歳の女性の人口そのものも減少しています。加えて、価値観や経済的な状況の変化で、結婚しないことを選択する若年層が増加。これらの要因によって、子どもが生まれない社会が作り出されています。

２０１４年の合計特殊出生率は１・42で、出生数は１００万人でした。その9年後である２０２３年の合計特殊出生率は１・20で、前年に比べても０・06ポイント低下しています。出生数も72万７２７７人で、前年に比べて４万３４８２人も少なくなりました。

□顕在化した「２０２４年問題」

これまでの人口増加に依存した生産性向上に頼ることができなくなった日本社会。人口が減少し、若い世代が先細っている現状では、今までのように人の数の多さで実現してきた経済成長からの転換が必要です。

しかし、労働環境に関する問題の方が先にやってきました。すなわち、**「２０２４年問題」**や**「２０３０年問題」**といわれる問題です。

「２０２４年問題」とは、運輸・建設・医療の3分野に、労働時間の上限が法律で課されることを指します。

日本政府が近年進めてきた働き方改革の一環として、２０１８年7月に**「働き方改

革関連法」（働き方改革を推進するための関係法律の整備に関する法律）が成立・公布され、順次施行されました。

これに伴い**労働基準法が改正され、時間外労働、つまり残業は、原則月45時間、年間360時間までと規定されました。**すでに大企業では2019年4月から、中小企業では2020年4月から施行されています。

ただし、急な変更への対応が難しいとして、自動車運転業務（運輸・輸送）、建設事業、医療の3分野は、5年の猶予期間が設けられました。その猶予期間が切れるのが2024年であることから「2024年問題」と呼ばれるようになりました。

裏を返せば、これら3つの業界では、残業などで時間をかけることによって、これまで仕事を成立させてきたということでもあるのです。いずれの仕事も、免許制度の関係から、どうしても人手が必要になっており、労働生産性の向上が難しい業界でもあります。

同時に、人口が減少する中でも、短期的には需要が衰えない業種であり、むしろ高齢化によって、運輸や医療は、さらなるサービスの充実が求められています。高まる多様なニーズと、残業時間の法的な制限による労働力確保が難しい環境が重なっているからこそ、5年間の猶予が与えられました。

ただし、労働生産性を高めるといっても、これらの業界には限界があります。例えば、運輸業界を見てみると、無人の自動運転が技術的にも法整備上でも当たり前とは言えないため、トラックなどの車両を1台動かすために、必ず1人のドライバーが必要になります。そのため、企業が労働生産性を高めるには、料金の値上げを行うしかありません。

ところが、コロナ禍以降の急激な円安によって、料金を値上げしたとしても、値上がりする燃料費に消えてしまい、「価値を生み出す」部分にお金が回っていきません。同じくコロナ禍以降、非接触による個別配送のニーズは高まりました。しかし労働者を増やすことができないため、結果的には配送料を値上げしながら、配送までの期間を延ばすという対策を採らざるを得なくなっていきます。

同じことが、路線バスや鉄道であれば深夜時間帯の本数削減や終電の繰り上げとなって、また、医療の現場であれば、診察時間の削減といった形で現れており、すでにこうした事態を実感している方も少なくないでしょう。

□「2024年問題」を経て、これから訪れる「2030年問題」

「2024年問題」の次に訪れるのが「2030年問題」です。

「2030年問題」とは、日本の総人口に占める65歳以上の人口が33%を上回り、3人に1人が高齢者になることです。

その結果、現役の労働人口不足の激化が予測されています。2021年時点で高齢化率は28・9%に達しており、先に述べた少子化とも相まって、**高齢化の進展による労働市場、労働環境の悪化は避けられません。**

「2024年問題」では法律的な猶予期間が運輸・建設・医療の3分野に与えられていました。しかし「2030年問題」は、あらゆる業種・業態に影響を同時に与えます。特に就職志望者数が少なく離職率が高いサービス業界、高齢化で需要がさらに高まる医療・福祉業界、働き方改革と労働生産性向上のために需要が高まるけれども人材確保・育成が進まないIT業界で、大きな影響が出ると考えられます。

消費傾向もこれから変化のタイミングを迎えます。

少子化によって、大学までの学校を含む、子ども向けの教育サービスの収益性は悪化し続けます。

また、結婚しない、あるいは家族との死別などの理由から、単身世帯・高齢者単身世帯が6割に達し、家族向けに造られる住宅やマンションの需要は、単身世帯向けへと大きくシフトしていきます。

現役世帯が減ることで、消費が冷えて、節約傾向が強まり、経済の縮小も懸念される材料となっていきます。

ここまでの事実を見ていくと、「2024年問題」への短期的な対策では見えてこなかったこと、すなわち「今のままの姿での日本経済の維持が、この先はかなり難しい」ことが分かってきます。

昭和から平成へと脈々と充実し進化してきた、買うことができたものや、受けられたサービスは、**令和以降もそれまでの姿や形を維持できると考えてはいけません。**また、さまざまな物品やサービスが、国内要因や世界経済の変化という外的要因から、今後、値上がりし続けていくこともまた、トレンドとして受け入れなければなりません。

「2024年問題」と「2030年問題」は、日本人である私たちが、経済や労働に関する考え方や常識、当たり前と思ってきたことをアップデートすべき時を教えてくれているのです。

□「働く」をアップデートすることが必要

政府が法律を改正し、労働時間の制限を課した「働き方改革」で長時間労働を防ぐことは、労働環境において健全で長期的な持続可能性を高める効果が期待できます。しかしながら、人口動態からみて少子高齢化により、働き手である現役世代が今後減少し続ける状況はより深刻化していきます。

これらの要因から、**日本の社会で急務となるのは、「働く」ことを全方位的にアップデートすることです。**

時間の使い方、業務の在り方、報酬や給与体系、ウェルビーイングの実現を通じた持続的な就労、多様な人材活用など、この先、構造的に増加させることができない人数で、これまでと同等、もしくはさらなる価値を生み出す働き方に変えていく必要があります。

国際的に見ても優れた教育システムによって粒ぞろいに育った人材が多数勤勉に働き、消費者も潤沢に存在していることで、日本経済を浮揚・維持させてきた「人口ボーナス」に頼る時代は終わりました。

働き方をアップデートし、付加価値を作り出す方向への転換を、日本社会として実現することこそ、日本の経済と社会の持続化に必要なことではないでしょうか。

生産性とは　公益財団法人日本生産性本部 https://www.jpc-net.jp/movement/productivity.html

労働生産性の国際比較2023　公益財団法人日本生産性本部 https://www.jpc-net.jp/research/detail/006714.html

令和5年版厚生労働白書　厚生労働省 https://www.mhlw.go.jp/stf/wp/hakusyo/kousei/22/index.html

2024年問題 どう対応？ 料金は？　NHK首都圏ナビ https://www.nhk.or.jp/shutoken/newsup/20240402c.html

第2章

経営者は、必要ない「コスト」を発見しなければならない

□「時間の徹底的な有効活用」を邪魔しているものは何か？

経営者やリーダーにとっての大きな関心事はお金の分配です。企業全体の決算に加え、各部門や各プロジェクトに予算を適切に配分し、最大の成果を上げるよう采配する必要があります。日々のビジネスの中でムダなコストを排除し、より有効な投資に回し、その結果として、いかに利益を上げるかを常に考えなければなりません。

しかし、投資はお金に対してだけでよいのでしょうか。「時間」に対しても同様の考

え方で投資をすべきです。

お金の投資と同じように、時間についても、その時間で最大限の成果を上げることができるか？　同じ時間で生み出す価値を最大化できているか？　といった視点が必要になります。お金のみならず、時間の采配に対しても、経営者やリーダーは気を配っていかなければなりません。だからこそ、ムダなコストの排除と同様に、ムダな時間の排除にも、取り組んでいく必要があるのです。

加えて、時間に対するムダの排除は、今後、あらゆる業種のビジネスにとって、取り組まなければならない課題になります。第1章で述べた通り、人口が減少し、法的にも労働時間の上限が設定される令和の時代だからこそ、「時間」への投資をもっと真剣に考えなければなりません。労働生産性が高まらず、付加価値を生み出す仕事に時間を配分することができなくなってしまうからです。

時間について深く考えることは、ビジネスの現場に限らず、誰にとっても重要なテーマといえます。その理由の一つとして、時間は人類にとって、最も平等なものだからです。加えて、時間には限りがあります。

大人になると時間が速く過ぎると感じるようになりますが、実際のところ、子どもも大人も時間は平等に過ぎています。そして、その平等な時間の流れの中で、ビジネスパーソンにとって、仕事に関わる時間は大部分を占めます。

会社員の平均的な一日の流れを考えてみましょう。朝7時に起きて身支度をし、8時には家を出て、9時から18時まで仕事をします。19時に家に帰って夕食を済ませ、1時間ほど自分の時間が取れれば良い方でしょうか。入浴後、就寝して、翌日の朝7時がやってきます。これが週5日。ちなみに日本の法律で年間の就労日数上限は260日とされています。

企業で働いている人にとって、人生の大半は仕事に関わる時間で構成されています。つまり、**仕事が充実しているかどうかは、人生の充実にかなり大きく関わっていることになります。**

もしあなたが経営者やリーダーであった場合、「一緒に働いている部下や社員は、充実した人生を送っている」と自信をもって言えるでしょうか。あるいは、充実した人生が送れるようにサポートできているでしょうか。

同様に、顧客や取引先もまた、その企業との関わりを限られた時間と予算の中で選択し、人生や企業を豊かにするために使おうとしています。その期待に応えることができているでしょうか。

企業は、社員と顧客・取引先企業とその社員の豊かな人生の助けになりながらも、利益を上げ続けなければなりません。

やるべきことと責任は重大であり、急かすわけではありませんが、そこに「ムダな時間」が存在していないことは明白なのです。

□ それでも、ムダ時間に気付くことは難しい

ここで、読者の皆さんの日ごろの業務を振り返ってみて、果たして全ての時間がムダなく有効に活用されているといえるか、考えてみてください。

これがなかなか難しいことだと、すぐに気付くと思います。「それが当たり前」「それが業務」「それがルール」と脈々と引き継がれていると、日々の業務に対して疑いを持たず、たとえもっと良い方法があったとしても、今度は変更するコストの方が高くつく、と思うようになっていないでしょうか。

そのため、外部から指摘されたり、状況が変わってそうせざるを得なくなったりす

ることがなければ、ムダ時間にはなかなか気付くことができません。

その最たる例が、通勤時間です。

新型コロナウイルス感染症拡大の時期に、人との接触を避けることが推奨された結果、リモートワークが積極的に取り入れられました。その結果、これまで当たり前と考えていた自宅から会社までの通勤時間が、いかにムダで体力と気力を削られるものだったか、私たちは気付かされました。

朝起きて、自宅でパソコンの前に向かえば仕事が始まる。会議室に集まらなくても、リモートで会議をすることができる。そんな経験を通じて、必ずしも会社に出勤して、会議室に集まることだけが仕事の方法ではない、ということに気付けたのです。

もちろん、リモートワークにメリットだけがあるわけではありません。経験が深まることによって、リモートワークのデメリットも見つけることができるようになりました。

例えば住環境がリモートワークに対応していない場合や、家族も同様にリモートワークをしている場合は、住まいの見直しやネット回線の増強などの対策を行わなければなりませんでした。また、通勤やオフィスという環境がなくなることで、仕事にメリハリがきかなくなる、といった難しさを経験することにもなりました。

こうした**外からの視点や実体験から気付きを得て、働き方を見直し、アップデートしていくことが重要です。**社員の働きやすさの改善という観点は、本章で論じている時間の有効活用にもつながるものです。

□ブルシット・ジョブを作り出していませんか？

リモートワークは、新型コロナウイルス感染症拡大への対応で取り入れられた、働き方そのものを大きく変える転換（トランスフォーメーション）というべき事象でした。おそらく数十年に一度でしか訪れない変化で、その後、オフィス回帰の動きが一部ありつつも、オンライン会議は以前よりも格段に増え、育児や介護などとの両立のためにさらに柔軟なリモートワークを取り入れるなど、働き方の多様化のオプションとして日本でも定着してきています。

総務省がまとめた「社会生活基本調査」によると、日本人の平均通勤時間は往復1時間19分となっており、テレワークの出現によってこの時間はわずかに減少しています。リモートワークの導入で、通勤時間が減った分、労働時間に振り分け、増加させることもできるようにもなりました。首都圏や大都市圏では通勤時の満員電車の窮屈さや、列車の遅延・運休によるストレスから解放されたことも、見逃せない効果です。

しかし、仕事にまつわるムダな時間、ストレスは通勤時間だけでしょうか。

改めて、会社に着いてからの自分の行動を一つ一つ見直してみましょう。その中に、「何でこれをやっているんだろう」「この時間はムダじゃないか」と思えることはないでしょうか。

そうしたムダな作業のことを、英語で「ブルシット・ジョブ」（Bull-shit Jobs）と言い、どうでもよい仕事を意味します。

米国の人類学者デヴィッド・グレーバーが著書『ブルシット・ジョブ：クソどうでもいい仕事の理論』（Bullshit Jobs：A Theory）で定義した概念で、違いや価値を生み出さない仕事、社会に影響をもたらさず、かつ働く当人も意味がないと感じる仕事を指します。

グレーバーはブルシット・ジョブを5つに分類しました。

1. 取り巻き：誰かを偉そうな気分にさせる仕事。ドアマンやお飾りの秘書、企業の受付
2. 脅し屋：他人を操ったり、脅しをかけたりする仕事。ロビイストや企業の顧問弁護士、他人を不安にさせて商品を売り込むマーケッター
3. 尻拭い：組織やシステム、ルールなど、社内の欠陥の穴埋めのための仕事。場当たり的に問題を解決するために雇われた人
4. 書類穴埋め人：組織がやっていないことをやっていると主張するための書類作成、誰も読まないプレゼン資料や報告書、議事録などの書類を作る業務
5. タスクマスター：他人へ仕事を振り分けるだけの仕事。ブルシット・ジョブを作ったり、それを監督したりする仕事。中間管理職など

これらの類型を見て、思い当たる節があるのではないでしょうか。特に、3つ目の「尻拭い」、4つ目の「書類穴埋め人」に従事しているパターンは、残念ながら日本のほとんどの企業で発見することができる「ブルシット・ジョブ」と言えるでしょう。

もし、これらの仕事を発見したら、自分自身、あるいは組織そのものがブルシッ

ト・ジョブから抜け出すことができるよう改善すべきです。そうしたムダ仕事をやめることで、本来なすべき仕事、つまり、価値や違いを生み出し、労働生産性を高めることに目が向いていくのです。

□ 労働生産性を高め、社員のやる気を引き出す

労働生産性を上げることは、単に資本の増大といった、計量可能な経済価値に寄与するだけではありません。**人々のやる気を削ぎ、ストレスを作り出し、会社全体の生産性を下げている「ブルシット・ジョブ」をやめることによって、やる気が湧き、ストレスが軽減され、価値を生み出す会社に生まれ変わることができるのです。**

ここで、コロナ禍の2020年6月にランドスタッドが発表した『Randstad Workmonitor』というレポートから、仕事への満足度について調査した結果を見てみましょう。最も労働満足度が高い国はインドで、91%とトップでしたが、日本は調査対象の15カ国中最下位で、48%でした。

この数値はその国の働き方のデジタル化と連動しており、労働満足度トップのイン

ドでは、「仕事のデジタル対応への投資をしている」と回答した経営者が90％でしたが、日本では39％にとどまり、結果として、デジタル化が進んでいないことが、労働満足度最下位の大きな要因となっていました。

これらのデータから、デジタルトランスフォーメーション（DX）を効果的に進めることは、企業からブルシット・ジョブを取り除く、もしくはデジタルに代替させて時間を創出し、価値を生み出すための労働へと転換が図れると同時に、社員の労働に対する満足度を高めることにもつながると考えることができます。

□ 本当に発注だけがデジタル化されれば良いのか？

物を買うという業務を考えてみましょう。商品選定を行い、見積を取り、発注をして、商品が納品されるという業務において、果たしてそこだけがデジタル化されれば済むのでしょうか。

物を買う業務は多くのルールと方法に縛られており、多くの紙が必要です。

申請を出したり、見積書を取り寄せたり、発注書を作ったり。物品を買った後も、納品書、請求書、領収書といったさまざまなフォーマットの書類がやってきます。個人が立て替えた場合は、レシートや領収書をもらい、それを後から経費として精算しなければなりません。

これがデジタル化され、個人がECサイトで商品を買うように、手軽に発注できるようになれば、多くの業務が軽減されることが目に見えて分かります。しかし、本当にそれで、物品を買うという業務全体の最適化ができたのか、考えてみる必要があります。

例えば物を買う前に、予算枠が割り当てられていたら、どの予算から支出するか判断し、その予算に残りがあるのかをチェックしなければなりません。その確認を誰がするのか。買う人本人が行うこともあれば、経理に照会することもあります。その際に経理担当者の作業が増えます。

また商品が届く際には検収や検品が行われ、納品書と共に届く請求書に基づいて支払を行い、その内容を帳簿に記載しなければなりません。これもまた、経理や財務の担当者が対応しなければならない業務となります。

つまり、**一部分だけがデジタル化された場合、それを会社の従来の業務に合わせなければならなくなり、前述のブルシット・ジョブの中の、「尻拭い」や「書類の穴埋め人」が発生します。**そしてそのことに、物を買っている人も経理や財務の担当者も気付くことができていないのです。

□ カギとなるのは、「データ」を中心とした、業務全体の最適化

経営者はお金とともに、時間の使い方にも注意をしながら、資源を配分し、経営していかなければなりません。しかしその転換は遅れています。

日本の大企業では、長い歴史から往々にしてアナログ時代の仕組みを受け継いでおり、現在の技術と照らし合わせてみると、必ずしも効率性が高いとはいえません。それどころか、前例や慣習によって、多くの社内の人たちが「そういうものだ」と理解・納得して、ブルシット・ジョブだと気付かないまま取り組んでいることがあります。

一方、中小企業は、良い仕組みがあったとしても、大企業以上の人手不足、資金不足に悩まされ、新しい方法を学んだり、検討したり、導入したりする時間を創出でき

ず、デジタルのメリットを生かした導入にたどり着くことができていません。

また、多くのデジタルツール、特にSaaS（Software as a Service）といわれるソリューション製品は、一つの機能の効率化、最適化することは得意ですが、一連のワークフローや、社内全体まで見通すことは難しく、結果的に他の部分で新たなブルシット・ジョブを生み出してしまいがちです。

以上のことより、企業では業務全体の最適化が必要であり、その起点となるものを「データ」と定義する必要があります。**購買プラットフォームであるKOBUY（コーバイ）は、一度作られたデータを、請求・支払や決算まで保持して業務を完結させることと、ムダな再入力を許さないということをルール化しており、データを核にしたデジタル化に取り組んでいます。**

次章で、そのルールについて、詳しく解説していきます。

総務省 令和3年社会生活基本調査　https://www.stat.go.jp/data/shakai/2021/pdf/gaiyoua.pdf

『ブルシット・ジョブ：クソどうでもいい仕事の理論』(*Bullshit Jobs : A Theory*)　デヴィッド・グレーバー Statista：Where Job Satisfaction is Highest and Lowest https://www.statista.com/chart/5068/where-people-feel-good-at-work/

『Randstad Workmonitor』　June 2020 COVID-19 edition https://cdn2.hubspot.net/hubfs/481927/Workmonitor/Randstad-Workmonitor-Global-Report-Covid19-Edition-June2020.pdf?__hstc=243245085.7cf64d27aa0499782d0b2611c714755e.1643118883712.1648889172968.1648909351557.98&__hssc=243245085.5.1648909351557&__hsfp=2423664017

第3章

社内のアナログを全てデジタルに変える、が正解ではない

□なぜＤＸで手応えを得られないのか？

ＤＸ（デジタルトランスフォーメーション）は、現在の経営環境、すなわち人手不足と働き方改革が同時進行していることや人材流動性の高まりを考えると、必須の課題となっています。

人がやらなくてよいことはデジタルに任せ、人がやらなければならないことは手短に済ませ、**私たちは、新しい価値を創出する時間をつくり出さなければなりません。**

２０２０年代に入り、新型コロナウイルス感染症のパンデミックもあって、日本でも急激に「ＤＸ熱」が盛り上がりました。

企業の中に潜むさまざまな業務をデジタル化するためのサービスやツールが提供されるようになり、ＢtoＢ市場、ＳａａＳ（Software as a Service）市場が活況となりました。

ところが、**多くの経営者に話を聞くと、実際は「ＤＸ化が進んでいない」「新たなことを考える時間が創出されていない」という状況が続いています。**

新しいシステムの導入を行った会社でも、デジタルツールに対する悩みは少なくありません。

トップダウンで導入を決めると、現場の実情に合っておらず使いづらいということが起きがちです。現場は使わなければと思う一方で、ついつい忙しい日々の業務の中で、よりやりやすい方を選んでしまうのです。つまり旧来の作業から脱却できないでいることがあります。

一方、現場の要望で導入したサービスやシステムは、明らかに作業効率が良くなったり、時短になったりするなど、導入効果が実感できます。

しかし**現場ごとに導入されたものは、全体像を見据えて導入されていないため、部**

門間や業務の前後の工程で、新たな負担が増えてしまうといった問題が発生します。

トップダウンでも、ボトムアップでも、DX化の効果をうまく実感できないという悩みが存在しているのです。一体何が起きているのでしょうか。

□ DXの失敗要因を掘り下げる

2023年にデジタルプラットフォームを開発するリーディングカンパニー「テックタッチ」が行った調査によると、大企業の4分の3がSaaSを導入しており、その半数以上がコロナ禍前に比べてSaaS利用数が増加していたそうです。

しかし、そのうち6割の企業が、「十分に使いこなせていない、使っていないサービスがある」と答えていました。その原因として挙げられたのが、

- 複雑なシステムが分かりにくい
- 社内マニュアル作成・修正できる従業員の不足
- システムが意図した通りに従業員が使わない・定着しない

- システムの価値・重要性が伝わらない
- 誤入力・誤操作リスクがある
- 既存システムからのデータ移行が困難
- 業務に沿ったカスタマイズができない

という理由でした。

気になるのは、本当にSaaSが使いこなせないのは、導入企業側の問題なのかという点です。

例えば、SaaSが使われない原因として最も上位に来ている「複雑なシステムの分かりにくさ」は、**導入した企業の問題というよりは、そのサービスのユーザー体験（UX）の問題です。**本来業務を改善する目的で導入するのに、その使い勝手が煩雑で、覚えることが多いと、当然のことながら導入は進みません。

そもそも忙しい業務から時間を創出するためにサービスを導入しているのに、その習熟コストが負担になってしまっていたとしたら、本末転倒です。

次の原因、「マニュアルの作成・修正ができる従業員不足」も問題です。導入された

図4｜DXのよくある失敗事例

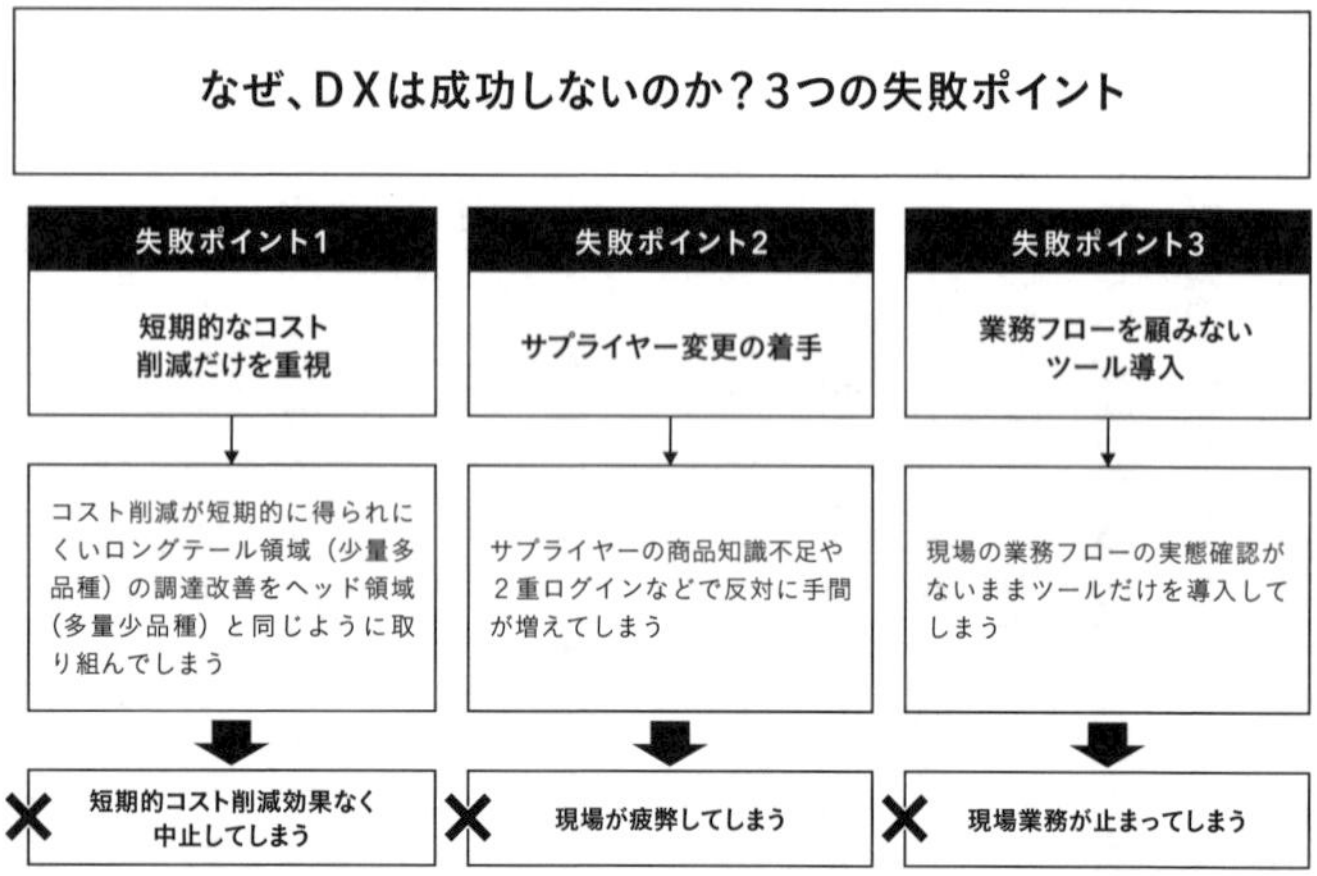

サービスを社員が活用する際の業務フローを定める「作業」が発生しており、その検討や決定に時間を使える人がいない、あるいはスキルが要求されていて人材がいない、ということです。

その後に続く原因の、「従業員が意図した通りに使ってくれない」「システムの価値・重要性が従業員に伝わらない」、といった問題を見ていくと、こんな課題が浮かび上がります。

つまり、**デジタル化をもくろんでツールを導入しただけでは、その意思決定者もしくはSaaS企業が狙う業務改善が進んでいかないということです。**

導入ツールに業務を合わせたり、ツー

ルのために業務が増えたり、そもそも使いにくかったり、説明不足だったり。こうした問題を解決していかなければ、SaaS導入によるDXは失敗してしまうという仮説を立てることができます。

しかし、失敗の要因はそれだけでしょうか。

経営課題と向き合った時に、必要になるもの

DXは、SaaSなどのツールの導入の際の「うたい文句」になっていることもあり、ツールの導入でDXが出来上がる、という錯覚を起こしがちです。しかし実態は、前述の通り、ツール導入だけでDXを実現しようとすると、壁にぶつかり失敗しがちです。

業務単位のデジタル転換では、パッチワークのようにさまざまなツールを場面ごとに導入しても、前述のように6割の導入企業でツールが活用されなかったり、余計な業務が増えたりしてしまう結果を生み出しています。

つまり、**細かい単位でのデジタル化は、業務全体を劇的に改善させていくダイナ**

ミックな変化を伴う「ＤＸ」とは程遠い結果を生み出してしまうのです。

ＤＸの初手は、ツールを検討するのではなく、組織全体で目指すべき目標や、解決しなければならない課題を確認する必要があります。

具体的には、例えば「残業をゼロする」「ペーパーレスを達成する」など、定量的に設定できるテーマをＫＧＩもしくはＫＰＩに設定していく作業が重要になります。では、**経営課題に直結する、解決したい問題とは、一体何でしょうか。**

加えて多くの場合、経営課題解決のために「人と時間」が必要になります。単一の業務をデジタル化するＳａａＳツールではない、ということは言うまでもありません。

□ 業務を可視化しないと、デジタル化できない

「選択と集中」という有名な言葉をご存じの方も多いのではないでしょうか。ピーター・Ｆ・ドラッカーにより１９８０年代に提唱され、不採算事業やノンコア事業を整理して、好調なコア事業に注力することで経営をスリム化させ、売上拡大や企業価値の増大を図る経営戦略を指します。

これを実行したのが、米国のエレクトロニクス企業、GEのCEOに就任したジャック・ウェルチ。「市場で1位・2位の事業に集中し、それ以外の事業は売却か撤退をする」という事業整理を行いました。いくら収益が上がっていても、前述の条件に当てはまらなければ撤退するというものでした。

ここで設けられた基準は、市場の中で1位・2位なのか、そうでないのか、ということだけでした。事業買収や統合などを通じて肥大化していった事業を選別し、その後の高成長に結び付きました。

この過程は、非常に大きな示唆を含んでいます。**巨大化した企業の業務を、一度全て棚卸しをして、一定の基準で仕分けることによって、評価できるようにしたからです。**

同様に、私たちの会社の中で動いている日々の業務は、可視化され、評価できる状態になっているでしょうか。

実は、DXに取り組む前に必要なのは、業務を全て可視化することなのです。その上で、デジタル化した方が効率的になるかどうかという評価を下していくプロセスが始まります。

業務の洗い出しは、できるだけ細かく行う必要があります。というのも、単なる検討で済ませてしまうと、隠れて存在している業務を見落とすことになるからです。

例として、間接材購買に関わる業務の中から、「申請書類を紙で提出する」という作業に着目してみましょう。

まず間接材を購入したい人は、申請書類を適切な書式で作らなければなりません。これは規定の書式に手書きしたり、パソコンで記入・作成したり、その方法はさまざまです。こうして出来上がった書類を紙で提出するのであれば、パソコンからなら印刷が必要です。

次に印刷した書類を提出しに行かなければなりません。提出しに行くということは、その書類を受け取る人が必要になります。仮にそこが小さなオフィスであっても、席を立って、その部署まで歩いて行き、提出トレイなどに入れるか、担当者に手渡しするか、何らかの行動をしなければなりません。

これが大学の先生の話であれば、さらにその道のりは遠くなります。教員は自分の研究室から、事務室がある建物やその部屋まで歩く必要があります。

次に、それらの書類を受け取った人は、その書類をデータ入力して、書類自体は保管しなければなりません。あるいは申請された金額を確かめて、経理のシステムに入力することを忘れずに行わなくてはなりません。

このように、**単純で、当たり前だと思われている業務や作業も分解してみると、これだけたくさんの「行動」が隠れており、そのための時間が使われているのです。**

こうした行動に分解してみてはじめて、何をデジタル化しなくてはいけないかを検討し始めることができるのです。

□部分的なデジタル化が、仕事を増やす

さて、先ほどの申請書類の例で、申請書類を歩いて提出しに行く作業に着目し、これをデジタルで解決しようと試みるとします。そこで、パソコンで申請書類を作成し、これをメールで担当者に届ける仕組みを導入したとしましょう。

確かに申請者は、歩いて申請書を提出しに行かなくてもよくなりました。しかし、それで本当に問題が解決できたのでしょうか。

もしその仕組みが、単純に紙の申請書がメールで届くようになるだけで、**他の業務**

が何も変わらなかった場合、申請書を受け取る担当者にしわ寄せがいきます。結局のところ、担当者が申請者の代わりに書類を印刷し、どこかに保管しなければなりません。また、書類がメールで届くだけの仕組みの場合、他のシステムへの入力作業は、受け取る担当者が負担します。

もし申請書に不備があったり、問い合わせがあったりした場合、以前のように提出しに来てくれれば、その場でチェックして確認できたでしょう。しかしメールで届いて不備があった場合、メールを返して問い合わせたり、電話をかけたり、どうしても申請者と連絡が取れない時はその人のデスクや部屋まで訪ねていく手間が増えてしまいます。

単に申請者の業務が受け取る担当者に移転しただけでなく、担当者に余計な業務を増やす結果となってしまうのです。これは担当者からすれば、自分たちの仕事を増やすだけのシステム導入となりかねません。これでは利用は奨励されませんし、人手不足の中、担当者も増やせず、増えた業務は結局、残業という形で処理するほかなくなるのです。

□部分最適ではなく、全体最適を目指さなければならない

ＫＯＢＵＹを導入する際に、必ず使われるキーワードが「全体最適」です。**全体最適は、「部分最適」の対極にある言葉です。**

全体にしても部分にしても、理解しなければならないのは、「最適化」という考え方です。

最適化は、数学やプログラム、製造プロセスなどで使われる言葉で、目的となる値を最大化、もしくは最小化するよう答えを求めることです。例えば、少ない電力で最も明るい環境を手に入れたり、短い時間でより多くの物を作ったり。仕事の現場でも、作業の最適化を意識しなければならない場面は多いのではないでしょうか。

その上で、部分最適と全体最適の違いについて考えてみましょう。

部分最適は、注目した部分の効果が最大化することを指します。他方、全体最適は、業務全体、もしくは企業全体のパフォーマンスが最大化することを表します。

部分最適な間接材購買プラットフォームを導入すると、間接材購買が最適化、つま

り物品を購入する人の部分では効果を発揮します。

しかし単なる部分改善の導入だけでは、間接材購買プラットフォームによって前後の工程に負担をかけてしまい、企業全体の一連の業務のパフォーマンスが、かえって下がってしまうことになりかねません。

そうなると、全体最適とはならず、組織の業務効率が上がらず、結果として定着せず、使われることがネガティブになってしまう、そんなことになってしまうとデジタル化やDXは失敗です。

そのため、KOBUYは、前項のように、間接材購買に関わるあらゆるプロセスを可視化し、その全てにおいて、利便性や効率性を向上させる、全体最適を目指す導入を行うことを考えました。

□ 見落としがちな、取引先となるサプライヤーのデジタル化

社内の業務全体を見通して、「全体最適」が進まなければ、デジタル化のためのサービスは定着しないどころか、かえって雑務を増やしてしまう。これは労働生産性向上

と逆行する取り組みとなってしまいます。

ＫＯＢＵＹでは、業務全体を詳細に分析し、これをどのようにデジタル化すればよいのかを考えるところからスタートします。**導入の流れには「KOBUY Journey」（コーバイ・ジャーニー）と名付けた業務可視化と、社内プロジェクトの立ち上げ、全体最適を目指す方法論を組み込んでいます。**これは、次章で詳しく述べます。

ここで、一つ大きな問題があります。

間接材購買の社内業務をＫＯＢＵＹによってデジタル化できたとしても、商品の調達先であるサプライヤーが、電話とファクスで注文を受け、郵送で書類を送るアナログ企業であった場合、そうしたアナログ作業は、発注者側にも残ってしまうことがあるのです。

つまり、社内のデジタル化だけでは、購買業務のＤＸは達成されず、取引先となるサプライヤーもまた、ＫＯＢＵＹを通じて、購入側と同等のデジタル化をしなければならないのです。

それなら、デジタル化に対応しているＥＣサイトに切り替えればよいではないか、と思われるかもしれません。しかし、そんな単純な話でもないのです。

サプライヤーの中には、薬品や機械など、特殊な商品を扱う企業も存在しています。

また、大学や建設会社が必要とするサプライヤーは、学校内や工事現場に納品のために入構する許可証を取得していることも多く、研究室や現場まで商品を届けてくれます。しかし通販やECではメールセンターや集配所までしか届けてもらえず、申請・発注した人は、商品が届く頃合いに自分で取りに行く手間が増えてしまいます。

加えて、フェイス・トゥ・フェイスの、なじみの付き合いがあるサプライヤーとの取引は、安心感を与えてくれるとともに、大学や現場を長年支えてくれる地元商社との繋がりを大切にしたいという気持ちも生まれるでしょう。

そのため、KOBUYのカスタマーサクセスは、その後、新しく社内で生まれた「サプライヤーアライアンス」部門との連携を通じて、導入企業の調達先のうち、アナログ業務しか行ってこなかったサプライヤー、例えば地元の商店街にあって大学に納品している文具・事務用品店や、工事現場に欠かせない看板を製作してくれる安全用品企業などについても、KOBUY経由での受注ができるようデジタル化を支援しています。

このように、デジタル化、その先のＤＸの成功には、１つのツールを導入するだけでなく、業務全体の最適化と、取引先も含む取引に関わる人たち全員の参画が必要なのです。

ＫＯＢＵＹは、その分析と多くの関係者の参画を通じた全体最適の実現までカバーすることで失敗しないＤＸを実現しているのです。

【２０２３年度ＳａａＳ活用実態調査、導入増加に伴う「休眠ＳａａＳ」の課題とは】大企業におけるＳａａＳ導入率は７４・７％に　コロナ前と比較して、６割以上が「２倍以上に増加」https://prtimes.jp/main/html/rd/p/000000135.000048939.html

第 2 部

KOBUYのDX化はなぜ成功するのか？

コロナ期に導入されたDXを目指すサービスの6割が死蔵している現状がある中で、KOBUYは、導入以降、業務改善と労働生産性向上の効果を継続的に出し続けています。その理由は、導入する時点から見ることができる「違い」から、見出すことができます。

「KOBUY Journey」は、業務分析と業務改善のためのテンプレートであり、DX化実現時の「あるべき姿」を具体的に指し示す効果が大きいのです。

また、KOBUYを導入した企業は、KOBUY上に「サプライヤーネットワーク」を構築します。調達力向上とともに、サプライヤーネットワークからの調達によって、購買業務のデジタル化が進捗していく「仕組み」になり、サプライヤーを含めたWin-winの関係が構築されます。

第4章

KOBUY Journey
失敗しないDXは、業務フローの徹底的な洗い出しから

□ 問題解決のために、まず始めることは

2020年代前半、DXのトレンドと新型コロナウイルス感染症の拡大が重なり、業務のデジタル化に「特需」をもたらしました。多くの企業で無計画なデジタル化が進められ、例えば部分的なデジタル化ツールをパッチワークのように導入した結果、他の部分との整合性を取るために、かえってアナログ作業が増えたり、そもそも使いにくかったり、業務にフィットしていないといった事態がありました。その結果、「6

割ものサービスが使われずに眠っている」ことは前章で紹介した通りです。

そうしないために、課題解決に必要なプロセスとして、「問題の真の原因の発見」から始める必要があります。そのため、一貫堂の営業担当者は導入前に相手企業の購買業務、支払業務に関する分析からスタートします。

なぜこの作業が必要なのでしょうか？

課題解決を行うプロセスの中で、最も重要なことは「問題をどのように捉えるか」です。意外なほど、問題を正確に捉えずに解決策を講じようとしてしまう場面が少なくありません。失敗に終わったＤＸツール導入の多くは、問題の捉え違いが原因であったと言えます。

問題を定義するためには、正確な現状分析が必要です。典型的な間接材購買の流れを書き出してみると、以下のように膨大であることが分かります。

- 誰が物を買うのか？　その頻度はどれくらいか？
- 何か物を買おうと思ったときに、買う人がまず何をするのか？（申請方法は？）
- 商品はどのように選ばれるのか？（カタログ？　オンライン？　見積は？）

- 手続きを受け付ける人が何をするのか？（購買担当者？　経理担当者？　承認ワークフローは？）
- 商品を販売する取引先（サプライヤー）は、どのような動きをするのか？（受注はファクス・電話・メール？　発行する書類のフォーマットは？）
- 商品はどのように届くのか？（配送？　配達？　どこに届く？）
- 届いた商品はどのように検品されるのか？（検品・検収は誰がどのように行うのか？　検品後のフローは？）
- 代金の支払は？　仕訳は？（請求書はどのように届くのか？　会計業務はどう行われるのか？）

また、全く異なるプロセスを経る場合もあります。

例えば、社内の物品購入の仕組みでは調達できない場合、一般的に立替精算が行われることが多いのですが、その処理の流れは、前述のプロセスとは別の方法となることがあります。こちらも、どのようなプロセスで行われるのかを分析しておく必要があります。

このように、まず現状を理解します。次にやるべきことは「あるべき姿」「理想の形」がどのようなものかを描くことです。自分の会社の中の業務フローが、全体を通じてどのようになれば理想的なのかを考えるのです。

サービスを選ぶ際、自社のＤＸ化された後の姿を可視化させて、それを実現できるものを選定すべきです。多くの場合、サービスの営業担当者は、サービスが実現できる理想を語りますが、導入する企業の経営者が思い描く理想とそれが一致しているかどうか、丁寧なマッチングまでは行われていないものです。

課題解決のために、まず会社として購買業務の現状を把握して、理想的な姿を描きます。現実と理想とのギャップこそが「問題」であり、その「問題」の深掘りを通じてはじめて、採るべき解決策を検討することができるようになります。

では、問題の深掘りは、どのように行えばよいのでしょうか。

□「その仕事、本当に必要ですか？」で変わる現場

経営者の理想と、実際に導入したシステムがマッチしても、現場で実際に使う人た

ちが不便だと感じてしまうと、実際に使われなくなります。その結果、現場に浸透せず、思い描いた合理化ができなくなってしまいます。

業務分析の過程で、ＫＯＢＵＹ営業担当者が常に現場の担当者に問い掛け、ハッとさせる言葉があります。**それは「その仕事、本当に必要ですか？」です。**

業務全体を見渡し、経営者が理想の姿を描くのは必要なことですが、そうは言っても現場で業務に携わる人にとって、それまでと業務の取り組み方が変わる、もしくは新しく覚える仕事が増える場合、その煩わしさが先に立つことがあるかもしれません。

そうでなくても、それまで「当たり前のこと」として行われてきた業務を改善し、効率的な作業や立ち回りを極めていくのが日本人の職場慣行です。これまでのノウハウが失われることによって、非効率なことが生まれるのではないかという懸念が生じてしまうことはある意味、当然でしょう。

例えば、それまで発注者に書いてもらっていた複写式の購入申請書。上司や決裁者に押印してもらい、その写しを担当者が発注者に一部返して保管してもらう。その上で、担当者が申請書の内容をパソコンに入力し、管理し始めるとしましょう。

もし長年にわたってこのやり方で仕事をしてきたとすれば、その日に届いた申請書を夕方に入力するというルーティンが出来上がっていると思われます。「当日午後3時以降に届いた申請書は、翌日の処理になります」という社内ルールがあり、申請する社員もそのルールに沿ってお昼頃までに申請書を出す、という習慣が出来上がっていくことが考えられます。

ここで、それではいけないと考えた経営者が、スピーディーな業務で競争力を高めるために、「午後3時」という締め切りを作らず、必要があればいつでも申請書を上げて迅速に手続きができるようにしようじゃないか、と声を上げたとします。

申請書を受け取る「購買担当者」は、苦い顔をするでしょう。

「退勤の定時前に届いた申請書も、その日のうちに処理しなければならなくなり、ただでさえ、時期によっては1日の件数が多くて残業になりがちだったのに、さらに残業時間が延びてしまうじゃないか」というシーンが脳裏にありありと浮かぶからです。

確かに、これまでと同じ方法で申請書を処理する限りは、この担当者が想像した通りの「残業地獄」が待っていることでしょう。

そこで「その仕事、本当に必要ですか？」と問い掛けるのです。

そもそも、なぜ午後3時までに当日の申請を締め切っていたのかを考えると、紙の申請書類を担当者がパソコンに入力しなければならなかったからです。この業務が本当に必要なのか？　と考えてみれば、別の改善の方法を探ることができます。

例えば、発注者が紙ではなく、初めから申請フォームに入力し送信してくれれば、担当者は入力作業がなくなり、中身を確認するだけで終わるようになります。そうなると、午後3時という締め切り時刻を設定する必要もなくなるし、入力間違いもなくなります。時期によっては発生していた残業もなくなるでしょう。

□「全体最適」を考え、業務の見直しに取り組む

前述の例は、間接材購買の申請手続きを一例として取り上げましたが、その先にも、見積、発注、配送、納品、検品、経理処理、支払、といったフローが待ち受けています。

紙のままの申請で、申請書をそのまま発注時に使い、郵送やファクスで送るといった工夫がなされていたとします。もし申請段階だけをデジタル化した場合、届いたデジタルデータを印刷する、という新たな作業が発生することになり、発注の段階に

なって、以前よりも遅延が発生することになります。

申請業務のデジタル化だけでは、別のプロセスで非効率な業務が生まれてしまいます。発注もデジタルデータの送付という形にしなければ、業務は効率化しません。業務全体を見渡さなければ、思い描くような業務改善や効率化・最適化といった効果を得ることは難しいのです。

だからこそ、KOBUYの営業担当者は間接材購買の前後の手続き、物品を買ってからの商品や書類の動き、どういった人が一連のプロセスに関わるのか、そして経理上の処理や仕訳、支払に至るまでを明らかにします。

その上で、**既存のシステムも見据えながら、どうすることで最も労働生産性を高められるか、何を変えれば、円滑なデジタル化が可能か、DXの効果を最大化し、働き方改革につなげられるかを検討していきます。**

第1章でも確認した通り、今後、日本の労働人口は減少し続けることは確実です。そのため、同じ業務を少ない人数でこなしていかなければ、企業は立ち行かなくなっていきます。単に作業を効率化すればよいのではなく、効果的に人材を再配置し、既存業務を見直しながら、より付加価値の高い業務に当たる時間を捻出していくことが求められます。

業務のデジタル化、効率化は、時に「自分の仕事がなくなってしまうのではないか？」という現場の不安をあおることがあります。しかし、むしろ逆で、**もっと時間を使うべき真の仕事に取り組めるようになります。**これからの時代、人を減らすほど仕事に余裕が生まれるわけではないのです。

□ KOBUY導入が、プロジェクトベースである理由

KOBUYの導入の成否を決める要素は、詳細な業務分析を皮切りとして、関係する業務や全社員が働き方を刷新し効率化を進める「全体最適」を発見することができるかどうかにかかっています。

全体最適を進めるに当たって、注目すべき要素は一連の業務の中で、

- 誰が関わり、各プロセスで何をするのか？
- 作られるデータが保持され、部署単位の入力や再入力が起きないか？

という、人とデータの2点に着目していく必要があります。

しかしここで、**会社の規模にかかわらず、導入時に問題となるのが、「組織の壁」です。**

例えば、「購入したい現場」の最適化、「購入を処理する購買部門」の最適化、その結果生じる「支払や仕訳などの経理部門」の最適化だけを行ったとしても、全体でデータがきちんと保持され引き継がれなければ、全体最適になり得ません。

裏を返すと、**どの部門が主導するとしても、前述の業務分析の際に発見する全てのプロセスにおいて「誰が関わり、何をするのか」を網羅しなければ、組織全体での「全体最適」にたどり着くことができないのです。**

そのためKOBUYは、導入の際に「関係する部署が参画するプロジェクトチームの組成」と「部門横断的に意思決定ができる決裁者の参加」が、全体最適のために必要な条件であると位置付けました。

このようなプロジェクトチームを組成することによって、各部門がKOBUY導入によって効率化を円滑に目指すことができます。また導入過程で、データを保持しながら、関わる人全ての全体最適を実現可能とする「あるべき姿」を共有することができるようになるのです。

プロジェクトチーム組成と並んで必要となる経営層の参加についても、部門横断的な意思決定を下すことから必要であることは議論の余地がありません。細かい業務フローの改善は部門間で行うことができますが、**部門を超えたルールづくりには、経営層の意思決定がなければ、前に進んでいかないのです。**

このように、KOBUY導入による間接材購買の全体最適の実現は、導入時のプロジェクトチームづくりと、これを俯瞰する経営層による意思決定から始まります。システム導入後にこれらを調整しようとしても、すでに部分最適が行われている状態であるため、部分最適から全体最適へと変更すると、さらなる時間とコストが発生することになってしまいます。

□ プロジェクトベースによって、業務の分断を解決

プロジェクトベースにすることは、新しい全体最適の業務フローづくりに不可欠な

ことです。中でも効果を発揮するのが、「業務分断の解消」です。

例えば、間接材を電話やファクスで取引先（サプライヤー）に発注していた場合を考えてみましょう。

発注先によって伝票の種類やサイズが異なっている場合もあり、フォーマットもバラバラ。それでも現場では、より迅速に発注したものが届くよう、発注先の伝票で処理してしまう方が効率的だと判断されていたとします。

その後、納品される際にも、取引先の納品書が届きます。これを経理担当者などが基幹システムに入力しなければなりません。

なじみの取引先が多ければ、だんだんフォーマットにも慣れてきますが、それでも種類が異なる、時折発生する新しい取引先からの伝票には、確認の時間を多く要することになります。

そしてそもそも、業務が集中する週末や月末に、煩雑な伝票の入力作業をしなければならないことが非効率であることに気付くことができません。

これが、現場の「部分最適が、全体最適につながっていない状況」そのものと言えます。

このような場合に、現場の最適化と経理業務の最適化を、どのように両立すればよいのかを検討していくことになります。関係する部門や担当者が増えれば、そうした人たちも全て巻き込んだ、部門横断的な最適化を検討する必要が生まれます。

実際に業務を洗い出してみると、発注や納品の情報は同じなのにもかかわらず、複数のフォーマットが存在していること、手書きで伝票を起こし、他の人がそれを入力するという非効率な業務が発生していることなどを見いだすことができるのです。

別のパターンも見てみましょう。

教育機関や大企業の多くは、物品を調達する際に複数の取引先から見積を取る「相見積」を行っています。一般的には、3社程度の相見積を取り、調達価格や条件を比較しながら、その企業にとって最も条件の良い取引相手をその都度選びます。確かにこれは担当者と取引先との癒着や不正を防止する観点からは、有効な作業ではあります。

しかし昨今、オンラインECサイトでの取引が増えていくに従って、同じ商品でも複数のECサイトが扱っている場合、発注の申請段階で価格や条件を比較できることも多くなってきました。ここでECサイトからの購入を可能にするサービスのみを導

図5｜KOBUYソリューション

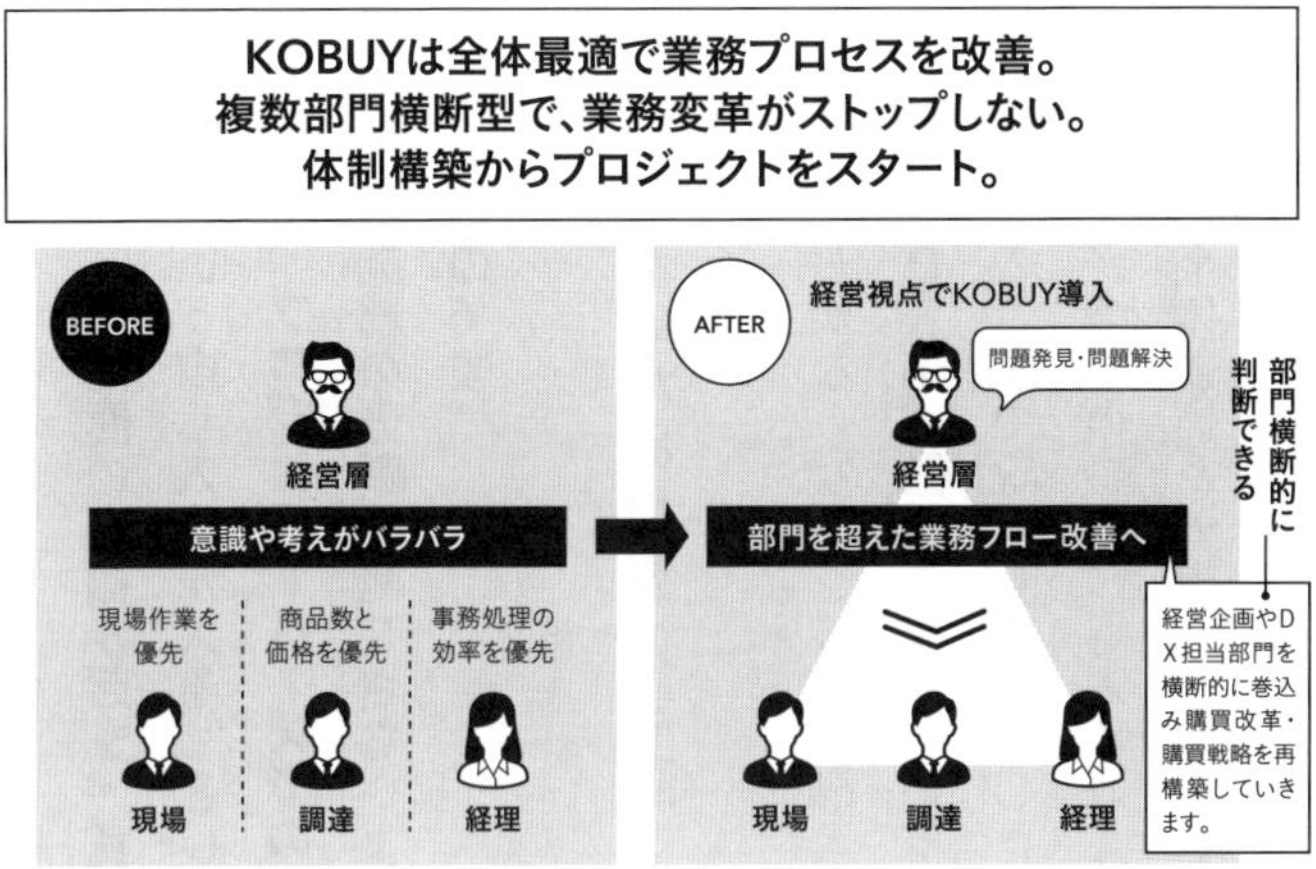

入してしまうと、発注者側の部分最適になってしまう可能性があります。

相見積の社内ルールがそのままで、発注者がすでに商品と価格を選定しているにもかかわらず、調達部門が相見積を取る非効率が発生してしまうからです。

そのため、調達部門側のルールも見直さなければ、ECサイト導入で細かい購入申請が増えれば増えるほど、調達部門の相見積の負担が増大してしまう「負のスパイラル」に陥ってしまうことになるのです。

システムを導入していく上で、部分最適を先行して導入してしまうと、業務フローに関わる他の部門の最適化が起きないだけでなく、負担を増大してしまう結果をもたらしてしまいます。

そうなると、**部門間の摩擦が起き、負担が増大する部門から「そのシステムを使わないようにという申し入れが入る」といった結果を招きます。**

だからこそ、プロジェクトベースでのＫＯＢＵＹ導入が重要であり、部門ごとの部分最適による業務の分断を起こさないよう、全体最適を目指す体制を作っていかなければならないのです。

全体最適のための導入計画「ＫＯＢＵＹ Ｊｏｕｒｎｅｙ」

部分最適にしかならないシステム導入や業務改善から脱却し、全体最適を目指していくことで、ＤＸ化、働き方改革といったゴールを目指していくＫＯＢＵＹの取り組みについて、ここまで説明してきました。

ＫＯＢＵＹが多くの企業に導入されていく中で、業種や業態、組織の構造や課題などに応じて、全体最適を実現した先の姿に、類型を見出せるようになってきました。

そこでＫＯＢＵＹが打ち出したのが、「KOBUY Journey」（コーバイ・ジャーニー）という、

「全体最適を実現する業務改善の行動方針」、テンプレートです。

これまで見てきた通り、**問題の発見は、「現状」の詳細な分析と、目指すべき「あるべき姿」との比較から生まれます。**現状とあるべき姿の差こそが「問題」と認識すべきものです。

しかも、おそらく問題は1カ所だけでなく、さまざまなプロセスにおいて複数あります。しかも、部署ごとに異なる「あるべき姿」が存在しているために、それぞれの「あるべき姿」を目指す部分最適に進もうとしてしまいがちなのです。

そのため、これらの問題を認識した上で、企業として同じ方向を向いて解決するべく、KOBUYの導入と新しい業務フローへの転換を行っていくことになります。

ただし、部門横断的な「あるべき姿」の構築は難しく、あちらを立てればこちらが立たず、というジレンマに陥ることが多いのも確かです。

そこでKOBUYは、間接材購買全体を通しての「あるべき理想形」をKOBUY Journeyのベースとして提案することにしました。

おおよそ70点の姿を示し、これを頼りに、私たちはそもそもどのようなことを目指すのか？　自分たちの組織や意識の中で何を変えればよいのか？　というイメージを持つことができるようになります。

例えば、建設業界であれば、立替精算がなくなること、電話やファクスといった、現場の事務所でなければ発注できない状況から脱却すること、月末の事務所内の入力作業がなくなることなど、請求書の支払処理や・仕訳業務といった現場外の業務を含めた、理想の購買業務の具体的なイメージを持つことができるようになります。

教育機関であれば、研究費の適切な管理を前提とするため、相見積取得などで非常に長い時間がかかっていた物品調達の迅速化や、入力作業による残業の削減、商品の受け渡しのスムーズ化などを実現し、スピーディーな研究活動の支援を進めるという、業務改善後の姿を描くことから始めます。

その上で、ＫＯＢＵＹの営業担当者は詳細な業務分析を行い、また部門横断的に組織したプロジェクトチームは営業担当者と共に、どのようにして業務とデータが流れれば、その組織が目指すべき購買業務の全体最適をもたらすことができるのかを議論しながら、問題解決のプロセスを進めていきます。

□ 全てをデジタルで解決しようとしない

ＤＸとは、デジタルによる革新を意味する言葉です。そのため、ＤＸ化はあらゆる業務をデジタルに置き換えていくことが前提だと考えがちです。

しかし、多くの場合、あらゆる業務をデジタル化するだけでは、全体最適が起きないということを、ＫＯＢＵＹは経験的に理解するようになりました。

特に間接材購買の場合、申請・発注から始まるデジタルによるデータ保持を行ったとしても、実際に運ばれてくるのは現実にある物品であり、それを運んでくる配送業者や納品業者がいて、社内で発注者への納品や商品の検品はアナログ作業となります。

これまで、電話とファクスで受注していた取引先は、建設現場であれば、建設現場の中に入る許可証を持ち、発注し必要としている人の所まで届けてくれていたでしょう。あるいは大学の研究室まで直接届けてくれる利便性もあったでしょう。薬品などは特に取り扱いが難しく、薬品の取扱資格を持った取引先が届ける必要があります。

こうした事情がある場合、発注をデジタル化しただけでは利便性や必要性は実現しません。物品は建設現場の事務所や教育機関のメールセンターや集配室と呼ばれる所までは届けられますが、後は発注者が自分で取りに行かなければならなくなる、といった事態が発生します。

つまり、デジタル化によって、結果的に発注者の手間が増えてしまうことが現実に起きてしまうのです。

そのため、全てがデジタルに置き換わるという前提だけでは、DX化の実現や浸透、全体最適に落ち着くことはできないのです。アナログで行われるオペレーションやプロセスの一部が合理的な理由を持って全体最適の一端を担っているのであれば、それをどのように残すことができるのかを考えなければなりません。

「DX化はしたけれども手間が増えた」「余計なプロセスが増えてしまった」というネガティブな結果を生み出すと、新しい方法は定着せずに元に戻ってしまったり、デジタル化によってかえって業務時間が延びたりして、「DX失敗」という事例が出来上がってしまうのです。

アナログでも便利な部分を発見するためにも、KOBUY Journey に照らしながら、

図6 | KOBUYソリューション

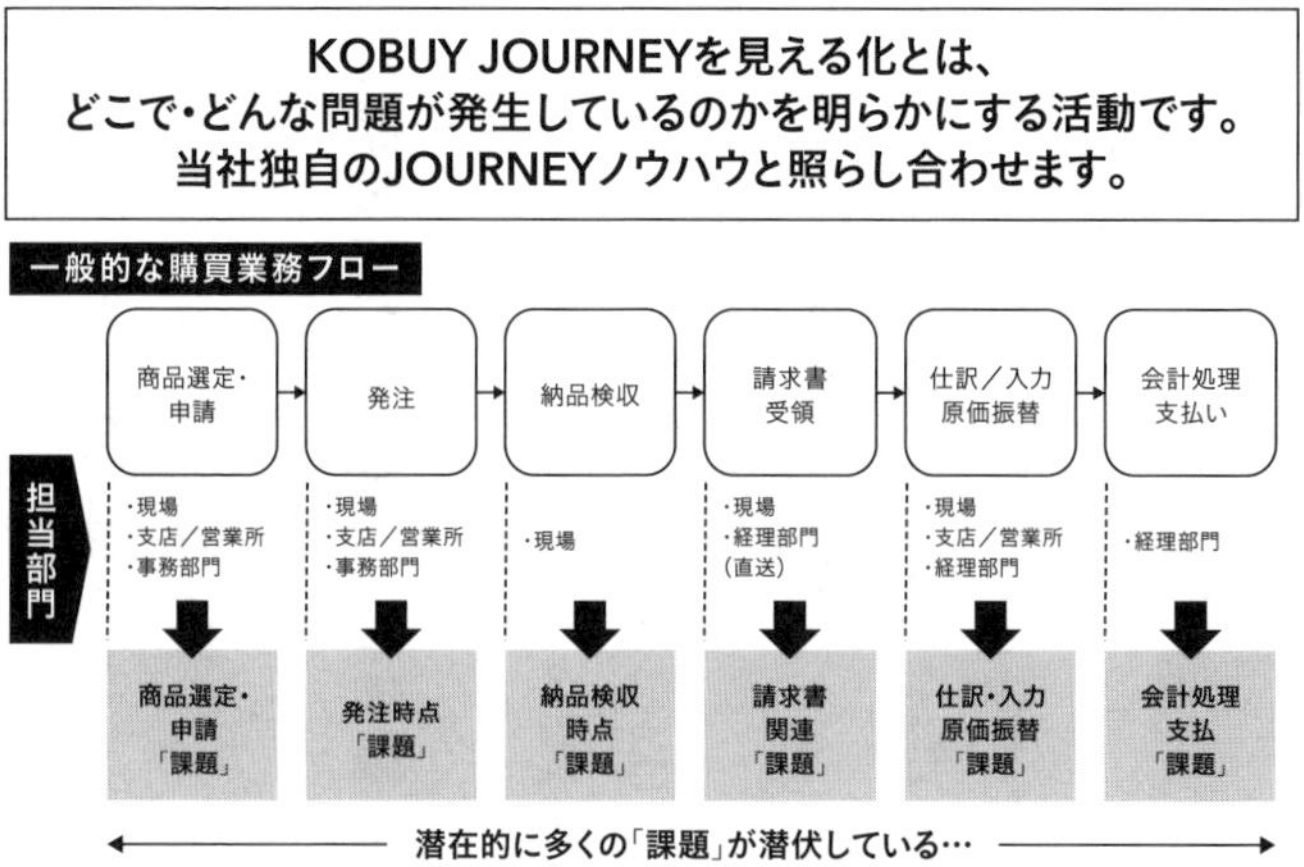

詳細な業務分析で良い部分を発見していく必要があるのです。

アナログ部分を残すという決断は、もし全社的DXを目標に置いていた場合、その決断には勇気が必要になるかもしれません。アナログ作業が残ってしまうと、DXが達成できていないという評価につながってしまうのではないか、という不安な気持ちが生まれてしまうのは当然です。

全体最適を目標とするKOBUY Journeyを前提に工程を進めていくからこそ、デジタル化を絶対条件とせず、効率的であればアナログの要素を残し、全体最適を目標として取り組んでいくことができるようになるのです。

KOBUY Journey を活用しながら、失敗しないＤＸを目指すことが、ＫＯＢＵＹの大きな価値となっているのです。

□ 目標設定なくして、全体最適も業務改善もない

KOBUY Journey は、アナログの効果も再発見し、うまく生かすことができる点を紹介しました。ここでもう一つ、KOBUY Journey によって、ＤＸを成功させるための重要な要素を紹介します。

それは、「目標設定」です。

業務のデジタル化というと、業務プロセスのデジタル化が目標だと思われがちですが、ここまで見てきた通り、業務全てのデジタル化が、必ずしも全体最適のゴールではありません。

では、どのようにして、ＤＸ化、全体最適のゴールを設定すればよいのかという点で難しい判断が求められます。

そこでもKOBUY Journeyが役立ちます。

KOBUY Journeyは、業種や業態ごとの全体最適の大まかな姿を示したものです。その中で、KOBUY導入によるDXの成功で得られる具体的な目標や成果もまた、参考にすることができます。

例えば、**「ペーパーレス化の達成」**は、非常に分かりやすい目標と言えます。多くの企業が、1つの購買プロセスのために、複数枚の紙を用いています。

例えば、1回の間接材購買の業務フローに最低5枚の紙を必要とする組織は少なくないのですが、大規模な企業や教育機関で年間1万件の購買申請があるとすれば、必要とする紙の枚数は5万枚です。当然、そこには入力や保管などの付随する業務が伴うことになります。

そのためペーパーレス化のインパクトは非常に大きいものがあります。単に業務が地球環境や自然に優しく、紙代のコストカットになるだけでなく、紙を扱う業務がデジタル化によって効率化されます。さらに印刷・受け渡しや郵送・保管といった紙そのものを扱う業務から解放されることを意味するのです。

そのため、「ペーパーレス化の達成」は、非常に分かりやすい指標と言えます。

また、購買プロセスによって調達担当者や経理担当者が残業をしていたとすると、**「購買業務に関連する残業をゼロにする」**という目標もまた、分かりやすい指標と言えます。さらには、**「業務に当たる人数を減らし、他の業務を担当できるようにする」**という目標も、働き方改革や人材の有効活用の面で、ぜひとも得たい成果と言えるでしょう。

KOBUY Journeyでの大まかな目標をベースに業務分析を行いながら、どのような姿になれば、業務改善が行われた、働き方が変わったと実感することができるか、組織ごとの目標設定に踏み込んでいきます。

その点で、目標設定は重要です。

DXが成功したのかどうか、成果が上がっているのかどうか、分かりやすい数字として確認することができなければ、改善も行うことができません。

また、導入して終わりではなく、目標に向けて浸透や活用などの進捗が分からなければ、講じている策が本当にDX化の達成に近づいているのかどうかを判断することもできないでしょう。

KOBUY Journeyは、DX化、全体最適の道筋と、あるべき姿を示し、独自のDX

化の達成に向けて、カスタマイズと調整を続けながら、業務改善を実現していくツールです。この工程表こそが、ＤＸ成功のためにＫＯＢＵＹが持っている武器なのです。

第5章 合理化の鬼とコミットメント

□ 1000円の物品を買うのに、必要以上のコストをかけていませんか？

ＫＯＢＵＹは、導入企業の業務を分析しながら、間接材購買のフローを洗い出し、徹底的に合理化していく過程でシステムを導入していきます。では、合理化はどのように行われていくのでしょうか。

ＫＯＢＵＹを提案する際、合理化すべき範囲が広いため、導入企業や大学等で業務合理化まで意識が向いていなかった場合、その提案は非常に長い期間に及ぶことが少なくありません。

特に規模が大きく事業単位で分かれている企業では、なぜ合理化すべきかという理由が伝わりにくく、「いつかはシステム化すべきかもしれないけれど、今のところは人手で何とかするやり方で十分」ということになりがちです。その点で、KOBUYは、全体最適化を志向する企業の経営層からの支持は高いのですが、間接材購買業務を行う各拠点の現場業務を踏まえつつ、全体最適の両方を見ていくため、導入初期に時間がかかるというジレンマを抱えています。

それにもかかわらず、なぜKOBUYが支持され、導入企業の各拠点等に広がっていくのかと言えば、各拠点や各事業部でKOBUYの導入効果が着実に実感され、浸透し、その結果、合理化・最適化が進んでいくからです。

業務全体を俯瞰し、改善フローを作成した上で、各拠点に導入するために成果が上がり、次の拠点に導入しても違和感なく浸透が進む。そして最終的に全社的な全体最適が達成されるから支持を得ていると考えられます。

前述した通り、新型コロナウイルス感染症が拡大した頃から、DX（デジタルトランスフォーメーション）が認知されるようになり、多くの人たちの働き方が否応なしに変わらざるを得なくなり、その中で合理化が求められるようになったことも、ＫＯＢＵＹを含めた、新しいシステム導入による業務改善の関心を強めることにもなってきています。

そうした経験から私たちが気付いたことは、ＤＸよりも、もっと具体的な目標となるべきメッセージが必要である、ということです。

例えば、**「残業時間の削減」「ペーパーレス化の達成」「人材の再配置」「業務の再定義」**などがそれに当たります。デジタル化はあくまでも手段です。最も重要な目的は、経営上の課題となっている非効率な側面を解決し、付加価値を作り出すための組織へと進化・発展する具体的な道筋を立てていくことなのです。

そうした中で、私たちが意識的に顧客に問い掛けている言葉が「１０００円の物品を買うために、１０００円以上のコストをかけていませんか?」というものです。

経営層、役員、管理職にとって、ハッとさせられるこの問い掛けは、本当に考えるべき「コスト」がどこにあるのかを、気付かせてくれるのです。

20年前の合理的な仕組みは、今はもう合理的ではない

間接材に限らず、企業が何かを調達する際にまず意識がいくのが、調達する物品そのものの価格です。大量に購入する物品であれば、100円、10円の単価の違いが、年間を通じて莫大なコストの差につながっていきます。

そのため、多くの購買業務では、複数のサプライヤーから見積を取り、一番安いところに発注をするという形式を取ってきました。

このやり方は、サプライヤー側の価格がオープンでなかったり、オンラインのECサイトの仕組みがなかったりした時代に出来上がった形です。

自由にサプライヤーを選んで購入できるようにすると、サプライヤーとの癒着が起き、キックバックなどの不正が起きるのではないかという疑念もまた、生じます。相見積は、そうした不正を防ぎ、かつ企業にとって安い価格で取引をするための仕組みでした。

また、頻繁に購入する物品については、サプライヤーとの間で、あらかじめ単価契

約を行うことも少なくありません。いちいち見積を取らなくても、決まった価格で取引ができるようになるので、業務が効率化します。

しかし、単価契約をするためには、初めに多数の物品の相見積を行う必要がある上、年度ごとに更新するとなると、これもまた膨大な労力を要することになるでしょう。

ここで改めて考えるべきは、前述の問い掛けの言葉、**「1000円の物品を買うために、1000円以上のコストをかけていませんか？」**です。

相見積の作業に必要以上の時間をかけて、販売価格が100円安い業者を見つけたとしても、見積を取る作業に携わっていた人の価格分のコスト（人件費）を回収することは不可能でしょう。

あるいは1本100円のボールペンや消しゴム、ステープラーの芯を買うために、単価契約を手配しても、その労働力に見合ったメリットを回収することはできないでしょう。

このような仕組みは20年前までくらいまでは有効でしたが、現在は、全く合理的ではない可能性が極めて高いのです。

相見積を取るなら、複数のＥＣサイトで価格を比較すれば、安く購入できるサイトは一目瞭然ですし、そこに癒着は生まれません。また単価契約も、あらかじめ価格を決めておかなくても、その都度、一番安いところで買うようにすれば、単価契約のために割いていた**回収不可能な労働コストというデメリットは解消され、時間という大きなメリットを得ることができるのです。**

□ロングテールな少額間接材のコストにとらわれると、合理化に失敗する

ＫＯＢＵＹが扱う間接材の多くは、数円単位の細かい価格にこだわるべきではない物品です。無論、ムダに高く買う必要は全くありませんが、サプライヤーから安い調達価格を引き出しても、年間を通じた経営に対するインパクトが大きくなるとは考えにくいのです。

これには、間接材が持つ特徴が関係しています。

直接材は付加価値を作り出すために必要な材料であり、コストは販売価格に直結していきます。そのため、調達部門が価格にこだわり、安定供給にこだわりながら進め

るべきものです。

一方、間接材は企業が運営していくために必要なものですが、間接材を扱う人件費や、購買業務に関わる労働時間の方をむしろ丁寧に扱うべきで、苦労して価格が安い物品を調達できていたとしても、1つずつの価格のインパクトが軽微であることに、あまり気付かれていません。

間接材は「ロングテール」な商品を扱うことも少なくありません。ロングテールとは品種は多いけれども、1つ当たりの購入数や購入頻度が少ない性格の商品群のことです。

例えば、年に一度購入する商品の価格が10円安いかどうかが、果たして重要なのでしょうか。そこを気にして見積を複数取っている時間の方が、10円をはるかに超える労働コストになっていないでしょうか。軽微な価格差よりも労働コスト軽減を考える方が合理的です。

付加価値を作り出す直接材と、導入金額が高額な間接材については、少しでも安く調達できる方法を考えるべきです。しかし安価な間接材については、分けて考えるべきですし、少額ながら定番ではないロングテールの間接材であればあるほど手間をかけてはならないのです。

一方、購入頻度が高かったり、購入数が多かったり、単価契約をしていたりすると いった「定番品」をむやみにＥＣサイト経由の購入にしてしまうと、今度は安定供給の面で問題が生じます。それだけの頻度や数量を調達する商品の場合は、間接材でありながら、足りなくなると業務に支障が出る物品ということになります。これをＥＣサイトに切り替えてしまい、都度安いＥＣサイトを探したり、数がそろわないため複数のサイトからかき集めたりといった事態になれば、単価契約をしていた方が効率的で確実な調達だった、ということになりかねません。

ＫＯＢＵＹは、複数のＥＣサイトから調達できるようになる点もメリットですが、高頻度で大量に調達する定番品をＥＣサイトから調達し続けるには無理があることも理解しています。

そのため、サプライヤーネットワークを構築し、その企業が普段から定番品を調達しているサプライヤーにＫＯＢＵＹへ参画してもらうことで、フルデジタルでありながら、複数のＥＣサイトから商品をかき集めるといったムダな労力をかけることがなくなるのです。

□「手入力は恐怖と思え」

　多くの企業や大学等では、基幹システムや会計システムなど、さまざまなシステムが稼働しています。独立して動くよりも、複数のシステムがデータの受け渡しをしながら連携することで、人の手が入ることによる入力ミスや間違いを回避できるようになるからです。

　KOBUYを導入するに当たって、調達にかかる時間的コストに着目することと併せて、避けなければならないのが「手入力」です。

　アナログの紙で渡される資料やデータを、パソコンに入力する作業は、多くの企業や大学等に存在しています。その**「手入力」の作業を「恐怖と思え」**というKOBUYの考え方は、どこから来ているのでしょうか。

　KOBUYを導入するメリットの1つに、「データの手入力から解放される」というものがあります。

「手入力」は、どんなに慣れていても、どんなに注意深く確認をしても、どこかで必ず間違いが生じるものです。しかしこの「間違い」は、データを入力する人によるものだけではありません。

同じ内容を起票する際の入力ミスもあり得ますが、データがサプライヤーにわたった後、サプライヤーから発行された請求書が間違っていることもあり得ます。その請求書を社内システムに入力する必要があるなら、その入力作業でも間違いが生じる可能性があるのです。

では、請求データの間違いが発覚した場合、何が起きるでしょうか。データを修正する前に、そもそもどのデータが正しいのか、どのデータが間違っているのかを確認する作業を行わなければならなくなります。

入力する人が複数いて、書類を発行する人が社内・社外に分かれている場合、どのプロセスで間違ったのか、書類を全部集めて確認し直す作業を余儀なくされるのです。

1カ所のミスでも、複数枚の書類を再確認しなければならなくなる。これが、「手入力」の恐怖なのです。

さらに悲劇的なことも起こり得ます。

複数の部署が関わる購入申請から会計・支払までの業務フローがある場合、誰がいつ、どんな書類を作成し、受け取り、入力したのかまで誰かが把握しているわけではありません。そのため、探偵さながらに、関係者と書類を全て調べ上げなければ、前述のような「どこでミスが起きたのか」を発見することができないのです。

例えば会計部門は、回ってきたデータを元に経理と支払の処理作業だけをしている場合、間違いを調べようとしても、誰がどのように関わって、自分たちのところに請求データが回ってきたのかが分からない、ということになりかねないわけです。

だからこそ、**「手入力」を回避しなければならず、そのためにはKOBUYが重視する「データを保持し続ける」という考え方が必要となるのです。**

ワークフローの基点に立って起票する人が、電子カタログで発注、納品、検品、請求、支払、仕訳に至るまで、データを保持してパスしていく。

このルールを徹底することで「手入力」を回避し、ムダな業務を発生させることなく、円滑な業務効率化の実現にたどり着くことができるのです。

□営業から、カスタマーサクセスへ――高め続ける顧客体験

多くのSaaS系のサービスで見られるのは、業務をデジタルツールに合わせて合理化を達成しようというアプローチです。

この方法はある意味、有効です。デジタルを前提とした業務へのアップデートを目的とした場合、旧来の方法を捨てて、全く新しい方法に切り替えることで業務内における不整合が生じることもなく、新しい方法に業務を刷新することができるからです。ただし、この方法では導入した部門での部分最適は達成できる可能性が高いのですが、他部門との間で摩擦が起きたり、二度手間が発生したりするなど、部分最適から全体最適へとたどり着くのが難しくなってしまうことがあります。

導入時に業務全体を俯瞰して徹底的に分析するKOBUYは、現在の業務フローに対してKOBUYをフィットさせていく方法を取ります。合理化が進むのであればデジタル化を推し進め、人の労力をかけず、データを保持することでムダな作業を減らしていきます。他方、デジタルで対応し切れない部分は、効率的な方法も残します。

このような方法で無理なく、全体最適を目指すＫＯＢＵＹは、導入したところで終わるわけではありません。

ＫＯＢＵＹでは、企業ごとに強力なカスタマーサクセスの担当者がつき、ＫＯＢＵＹによって業務が改善されるまで、あるいは全体最適のあるべき姿に至るまで伴走します。

その過程で前述の通り、単価契約をしているサプライヤーにＫＯＢＵＹに参画していただくことによりＫＯＢＵＹのカバー範囲を広げます。導入当初に残っていたアナログ作業もデジタル化し、さらなる効率化を進める手法を取ることもあります。

営業担当は、KOBUY Journey を通じて導入先の企業の購買に関わる業務フローを描き切り、同時に理想の姿を示します。そして、プロジェクトチームを組織し、導入の意思決定まで担当します。

カスタマーサクセス担当は、これを引き継ぎ、情報システム、財務システムと連携し、現場での業務を見ながら、3～5年の期間に置かれるマイルストーンを決めて、プロジェクトリーダーと共にＫＯＢＵＹ導入を行います。

営業担当は業務フローを徹底的に描くために時間をかけますが、導入決定後はカスタマーサクセス担当がさらに長い時間をかけて、浸透の促進、新たな課題の抽出と対処、導入企業のニーズに応えるといった伴走をします。

その過程で、デジタル化の取り組みが進んでいないサプライヤーのＫＯＢＵＹへの参画支援や、基幹システムや財務システムのバージョンアップに伴う対応に、カスタマーサクセスとして関わることもあるほどです。

このようにして、**顧客にＫＯＢＵＹが浸透すればするほど、業務は効率化されていき、本当に取り組むべき業務に時間と意識を傾けることができる全体最適と変わっていくことができます。**カスタマーサクセスは、その部分にコミットして取り組んでいるのです。

結果を出し続けるのが「ＫＯＢＵＹ流」

KOBUY Journey で業務効率化のための道筋を作り、詳細な業務フローの調査によってその企業における全体最適の姿を具体化した上で、カスタマーサクセスはプロジェクトチームと一体となり結果を出し続けていきます。

では、どのような結果を出し続けるのでしょうか。

ＫＯＢＵＹが目指しているのは、購買業務のみの効率化ではなく、申請から支払までの業務の合理化と全体最適です。

そのため、ＫＯＢＵＹ導入時に、カスタマーサクセス担当が経営者や導入の決裁者と交わすコミットメントの中で最も大きな指標となるのは、購買業務について、どれだけの業務を削減することができたかです。

一気に全ての購買業務を移行するわけではないことは、すでに「アナログであっても効率性が高い部分は残す」ことをお伝えしました。その上で、ＫＯＢＵＹに業務が置き換えられた割合をＫＯＢＵＹでの発注件数や発注金額から算出し、削減できた業務時間を取りまとめたレポートを定期的に作成し、提出します。

こうして、ＫＯＢＵＹ導入効果を可視化し、進捗状況を見ながら、有効な施策を増やしていき、さらに新たなデジタル化のアイデアを立案し、コミットメント達成に向けてカスタマーサクセスとサプライヤーアライアンスが連携・協力しながら導入社等と伴走するのです。

また、「どれだけの数のサプライヤーがＫＯＢＵＹに参画したか」という指標もあります。

ＫＯＢＵＹに参画したサプライヤーへの発注であれば、発注時にカタログデータから作成した発注データが、そのまま支払のための請求書発行まで保持され、再入力、手入力の手間は発生しなくなります。

また、参画していないサプライヤーについては、発注頻度の高いサプライヤーに参画していただくことから始めます。ＫＯＢＵＹ導入企業の外側の話になりますが、ここでもＫＯＢＵＹのカスタマーサクセス担当が活躍し、サプライヤーとしてＫＯＢＵＹ参画を働き掛けていきます。

サプライヤーの参画といっても、社内システムを持っている企業もあれば、持たない企業もあります。さらに、紙、電話、ファクスで受注を受けているサプライヤーも少なくありません。

その場合、サプライヤー側もデジタル化しなければ、買い手であるＫＯＢＵＹ導入企業が、ＫＯＢＵＹ上で購買業務を完結することができなくなります。

ＫＯＢＵＹのカスタマーサクセス担当が、アナログでこれまで来たサプライヤーのデジタル化までも取り組まなければ、導入企業のデジタル化、全体最適の達成にはたどり着けないのです。

製造業ともなると、数百に及ぶサプライヤーとの取引があります。しかしながら、その全てをKOBUYに移行することは現実的ではありません。

そこで、まずは取扱高上位10社ほどのサプライヤーにKOBUYに参画してもらうことで、取扱量としては8割ほどがKOBUY上で完結できるようになります。これも、多数の企業向けにKOBUYを導入しているからこそ分かる、マイルストーンの置き方です。

第一に、購買業務の8割をKOBUY上で実現し、残りのサプライヤーをどうするか、それを第二、第三のステップで組み立てていくのです。

□ クライアントが納得する結果にコミットするKOBUY

KOBUY導入のプロセスは、次のように進んでいきます。

1. 業務改革プロジェクトの立ち上げ

2. 現場業務の「見える化」
3. KOBUYのカスタマイズ
4. サプライヤーネットワークの構築
5. 導入効果の検証と改善

これらのプロセスは、購買業務に関わる全体最適をあるべき姿として目指す手順であり、5までたどり着いたら、必要に応じて3に戻り、より良い導入に向けて実行します。

KOBUYは、業務改善、効率化を約束して導入を開始するのですが、そのために、部門を横断した現場業務の「見える化」やデジタル化、業務改善を社内で決定し、関わる部門や社員の合意が取れなければ、うまくいきません。

特に重要なのが、2で見えてくる問題点です。この問題点は、部署内や担当者単位では浮かび上がってこないこともあるのですが、部門をまたいだ業務として捉えると、非効率や作業の重複、ミスの温床になっているポイントとして発見することができるため、実は厄介なものです。

だからこそ、関係する担当者や部門を横断したプロジェクトチームの組成が必要であり、**業務改善の号令を出すことができる統括役や役員クラスのプロジェクト参画も必要になります。**裏を返すと、部門横断的な改善の動きでイニシアチブが取れる責任者がいなかったり、複数部署にまたがるプロジェクトチームが立ち上げられなかったりすれば、ＫＯＢＵＹを導入しても部分最適にとどまり、業務の根本的な改善やデジタル化は達成できません。

そのために、場合によってはＫＯＢＵＹとして、バイヤー企業（ＫＯＢＵＹにとってのクライアント企業）がいくら導入を希望していても、ＫＯＢＵＹの導入をお断りすることがあるほどです。

調達の申請者、申請を受け取る購買担当者、支払などの処理を行う経理担当者は書類を作成して提出したり、受け取って手続きをしたりするなどの自分の直前・直後の処理についてはよく分かっています。しかし、それより先になると理解が及ばないばかりか、目の前の仕事が忙しいために、何が起きているのか想像することすらなかった、という声を聞くことも珍しくありません。

そのような状態では、部分最適の改善方法は考え出せても、全体最適を見据えて議

論をしたり、アイデアを出したりすることはできません。だからこそプロジェクトチームが絶対に必要であり、お互いに困っているポイント、あるべき姿をぶつけ合って、全体最適となり得る改善方法を見いだしていかなければならないのです。

「合理化の鬼」としてのカスタマーサクセス担当は、結果に対してコミットメントをし、その実現に向けて伴走し続けます。しかしそのためには、企業内のプロジェクトチームという重要な全体最適実現のための体制づくりが欠かせないのです。

第6章

全員にとってWinとなる、マルチサイドプラットフォーム

KOBUYが導入企業に構築する、マルチサイドプラットフォームとは？

皆さんは、「マルチサイドプラットフォーム」（Multi-sided Platform、MSPなどと略される）というキーワードを聞いたことがあるでしょうか。

言葉の通り、異なる振る舞いをする複数の顧客グループをマッチングするプラットフォームを指しており、**IT企業の「勝ちパターン」とも言われるビジネスモデル**です。

ＫＯＢＵＹは、結果的にはマルチサイドプラットフォームを形成し、導入企業であるバイヤーと、導入企業に間接材を販売するサプライヤーの双方にとって、メリットの大きな「ビジネスの場」を提供しています。

本章では、ＫＯＢＵＹが導入企業のために構築するマルチサイドプラットフォームと、サプライヤーネットワークを見ていきましょう。その上でＫＯＢＵＹも含めた関係するあらゆる企業がＷｉｎとなる関係性を作っている点を解説します。

マルチサイドプラットフォームは、成功しているシリコンバレー企業、いわゆるGAFA（Google、Amazon、Facebook、Apple）に共通しているビジネスモデルです。

分かりやすいアップルの事例を見ていきましょう。

アップルは毎年新しいｉＰｈｏｎｅを販売し、世界で年間2億台以上を売るトップブランドとなりました。しかし「人気があるスマホメーカー」としての評価だけでは、企業の時価総額1兆ドル、2兆ドル、3兆ドルという大台に全て一番乗りできるような、将来にわたって成長し続けるとの評価を株式市場から受けることはできなかったでしょう。

アップルが評価された理由は、ｉＰｈｏｎｅが人気スマホであることに加えて、

ｉＰｈｏｎｅの価値を、顧客の手に渡った後も増大させる仕組みを用意した点です。

それが、アプリストアのApp Storeです。このApp Storeこそ、マルチサイドプラットフォームの典型例であり、これによってユーザー、開発者、アップルがそれぞれ利益を生み出すことができる「三方良し」の仕組みを実現しました。

ユーザーである顧客がｉＰｈｏｎｅを購入した後も、App Storeを通じて優れたアプリが配信され、これをダウンロードし活用することで、ｉＰｈｏｎｅを使い続ける限り、その価値は上がり続けます。

実際、ｉＰｈｏｎｅが登場した２００７年には、多くの人が現在当たり前のように使っているインスタグラムやウーバー、ＬＩＮＥ、TikTokといったアプリは、存在すらしていませんでした。

しかしｉＰｈｏｎｅが注目され、ユーザーが増えたことで、ｉＰｈｏｎｅ向けにアプリを作ればビジネスチャンスになると考える開発者が増えました。これにより、優秀な開発者がｉＰｈｏｎｅのアプリマーケットに集まってきて切磋琢磨することで、良質なアプリが数多く生み出されました。

ユーザーはｉＰｈｏｎｅを購入すると、使いやすくて便利なアプリが自由自在に利用でき、生活が便利に豊かになります。その様子を見て、さらに多くのユーザーがiPhoneに集まります。

このように、**良質なアプリを目当てにユーザーが集まり、そのユーザーに魅力を感じた開発者が集まります。ここに「スマホアプリ市場」が生まれるのです。**

開発者がアプリを販売したり、アプリ内課金やサブスクリプション課金をしたりする際に、アップルは10～30％の手数料を徴収します。App Store 上のビジネスが活発になればなるほど、自然とアップルの収益も上がる、という仕組みを作り上げたのです。

これにより、アップルのサービス部門の売上高は、2023年を通じて、iPhone販売のおよそ42％、年間852億ドル（日本円でおよそ12兆7950億円）の規模に拡大しており、依然として年間10％以上の成長を続けているのです。

同様に、アマゾンはECのプラットフォームを用意し、自身もさまざまな商品を販売していますが、セラー（売り手）といわれる販売業者と、購入者をマッチングする市場（マーケットプレイス）を作り出しています。

また、グーグルとフェイスブックは、検索したりSNS投稿したりするユーザーと広告主をマッチングさせるマルチサイドプラットフォームを構築し、継続的な市場成長を作り出しました。

□ KOBUYのマルチサイドプラットフォームとしての特徴

GAFAの急成長や高い株式市場の評価の根拠となったビジネスモデル、マルチサイドプラットフォーム。KOBUYの構造もまた、このマルチサイドプラットフォームのモデルとなっています。

前述の通り、KOBUYプラットフォームを挟んで、買い手であるバイヤー企業と、売り手であるサプライヤー企業が参画し、取引が行われる構造です。

バイヤー企業は、KOBUYに参画しているサプライヤー企業の取扱商品を複数のサプライヤーを横断的に横串で検索して、見つけることができます。

バイヤー企業の側から見れば、営業担当が描いたKOBUY Journeyと、導入の目的である購買業務の効率化、全体最適の実現というあるべき姿を目指す活動であり、その成果は間接材購買業務に関わる業務時間や負担の軽減・解消として現れてきます。

ＫＯＢＵＹを通じた間接材購買業務においては、発注された際のデータがそのまま保持されながら、購買業務のプロセスを進んでいきます。

次に、発注者が入力したデータは、マルチサイドの反対側にいるサプライヤー企業に届き、発注データを基にして商品が手配され、納品書と請求書としてそのまま活用できる納品データとして、ＫＯＢＵＹを通じてバイヤー企業側に戻ってきます。

これを検品や支払・仕訳といった経理業務に活用することで、一連の購買業務がＫＯＢＵＹ上で完結します。

このように、**ＫＯＢＵＹが構築するマルチサイドプラットフォームでは、バイヤーとサプライヤーがマッチングされ、取引が成立するという役割に加えて、バイヤー側の発注者が作成したデータが保持されながら、バイヤーからサプライヤーへ、そして商品と共にサプライヤーからバイヤーへ戻ってきて、経理業務まで再入力なく処理されていく、ムダな業務を生まない仕組みが構築されるのです。**

ＫＯＢＵＹは、商品の売買以上に、「データのやりとりが重要」なマルチサイドプラットフォームと位置付けることができるのです。

□「サプライヤーネットワーク」の構築によるメリット

前章で、ＫＯＢＵＹ導入の初期に主要サプライヤーがＫＯＢＵＹへ参画し、ＫＯＢＵＹ上で間接材購買業務を行う領域を拡大していくことで、取引量の大部分のデジタル化、効率化ができるようになることを紹介しました。

すると、バイヤー企業からは、「こんなサプライヤーの商品もＫＯＢＵＹで購入できるようになりませんか？」というリクエストが入るようになります。

導入初期は、ＫＯＢＵＹ経由による主要サプライヤーとの取引と、既存のスタイルのままのサプライヤーとの取引とが混在している状況となります。その状況でＫＯＢＵＹ経由かそうでない取引かを比較できるようになり、購買プロセスに関わる人たちの間で、「ＫＯＢＵＹ経由の方が効率的だ」との共通認識が広がっていきます。

そこで、取り扱いが多いサプライヤー、手続きが特殊なサプライヤーとの取引も、ＫＯＢＵＹ上で実現すれば、もっと効率的になるということが明らかになっていきます。

ＫＯＢＵＹ経由での取引が増えれば、業務がより効率化していくため、バイヤーはＫＯＢＵＹ上で利用できるサプライヤーの充実を求めるようになります。

こうして**ＫＯＢＵＹ上に構築されていくのが、バイヤー企業の「サプライヤーネットワーク」です。**

サプライヤーネットワークとは、間接材の購入者であるバイヤー企業が、ＫＯＢＵＹプラットフォームに持つ、サプライヤー群を指します。バイヤー企業にとって、このサプライヤーネットワークが拡大すること、すなわち、ＫＯＢＵＹ上で取引できるサプライヤー数が増加することは、企業自身の調達力の向上と、調達業務における業務効率化を表す指標と位置付けることができます。

マルチサイドプラットフォームの「異なる振る舞いをする複数顧客グループのマッチングによって価値が高まる」という特徴に従い、バイヤー企業ではＫＯＢＵＹ上で取引できる件数が増えれば増えるほど、ムダな業務が社内から消えていくからです。

取引件数が増えてもムダな業務を増やさずに済むため、ＫＯＢＵＹ上に取引を集約し、取引量が増大しても、業務量が比例して増加するといったことは起きません。

必要な時に必要な物を発注する、適時調達が可能になり、新たな間接材を導入して業務効率化を加速させることで、調達力向上によるスピーディーな業務変革にも対応できるようになっていくのです。

ストレスのない調達力は、経営の意思決定から障害を取り除き、変化をいち早く取り入れるなど、経営を機動的にするというメリットをもたらします。

ＫＯＢＵＹを導入するバイヤー企業は、経営の効率化、全体最適というメリットに加えて、「サプライヤーネットワーク」の充実による調達力強化によるメリットを得ることもできるのです。

□ サプライヤー側から見たＫＯＢＵＹ参画のメリット

業務効率化、全体最適の実現に加え、調達力の強化まで見据えることができる「マルチサイドプラットフォーム」としてのＫＯＢＵＹを、今度はサプライヤー側から見てみましょう。

ＫＯＢＵＹを導入する先は、間接材を購入するバイヤー企業ですが、カスタマーサクセス担当者は、物品を販売するサプライヤーに対してもＫＯＢＵＹのサプライヤーとしての参画を推進し、プラットフォーム上でバイヤー企業とのマッチングをすることで、取引を成立させます。

サプライヤー企業がＫＯＢＵＹに参画しなければ、バイヤー企業がＫＯＢＵＹ上で間接材取引業務を集約できないため、不可欠な要素となります。そのため、バイヤー企業の業務効率化に、サプライヤー参画は不可欠なピースと位置付けることができます。

サプライヤー企業もまた、ＫＯＢＵＹへの参画によるメリットを享受することができます。

これまで多くのサプライヤー企業では、電話やファクスあるいはメールでバイヤー企業から受注し、商品と書類を送り返して支払を受けるという取引が見られました。さまざまな方法での受注があり得るため、業務を１つの方法に集約できない事情がありました。

さらに、バイヤー企業が大企業の場合、その企業専用の伝票が存在するケースがあります。見積書や納品書、請求書なども、その企業向けのフォーマットで作成しなければならず、場合によっては手書きで作成し、ファクスや郵送で送り返す必要がありました。

手書きやフォーマットごとの出力には当然手間がかかりますし、ファクスや郵送の通信代も経費としてかかってしまいます。もちろん、売上を上げるためにサプライヤーは、顧客であるバイヤー企業が気持ちよく購入できるよう努めますが、バイヤー企業と同様に、膨大な書類の手書きやパソコンへの入力作業、書類の送付に追われ、月末や年度末には社員総出で書類作成に取りかかるサプライヤー企業も存在するのです。

KOBUYに対応しないサプライヤーが存在する場合、アナログ対応が必要な取引先となり、KOBUYが目指すバイヤー企業の購買業務の効率化・最適化にとって障害となってしまいます。

サプライヤー企業内における、取引先ごとに異なる書類作成や送付対応を避ける点、またバイヤー企業の業務効率化をサポートする点から、サプライヤー企業のKOBUY参画が有効となります。

サプライヤー企業としても、バイヤー企業向けのデジタル化によるサービス向上につながるだけでなく、KOBUY上でのやりとりで取引が進むことで、バイヤー企業と同様の業務効率化、最適化がもたらされることになるのです。

ちなみに、このような個別の企業や特定の業種向けの専用書類作成は、必ずしも中小企業に限った話ではありません。**すでにECサイトを運営している大手企業にとっても、膨大な個別対応が発生する専用書類への対応は避けたい業務です。**事実、その対応ができないがために、サプライヤーとしての参画を見送ってきた大手企業もあるほどです。

KOBUYを通じて取引を行うことで、バイヤー企業が、業種や業界、あるいは特定の企業向けの個別対応を自社開発で用意しなくても、取引先となるバイヤー企業自身が、自社のフォーマットで出力することができるようになりました。

大手ECサイトを使いたいバイヤー企業と、個別対応を避けて取引したいサプライヤー企業を、KOBUYプラットフォームでマッチングすることができたのは、KOBUYが取引のデータそのものを保持しながら取引できる仕組みであったからでした。

慢性的に人手が足りず、業務効率化に逆行する個別対応を避けたいECサイト中心のサプライヤー企業も、KOBUYへの参画を非常に喜んでいます。KOBUYは、バイヤー企業内だけでなく、バイヤーとサプライヤーの企業間取引における効率性の改善にも役立つのです。

□ KOBUYの自己拡大が始まった

KOBUYのカスタマーサクセス担当者が、より多くのサプライヤー企業参画を推進することで、バイヤー企業の業務改善という目標を達成する相互関係を紹介してきました。

KOBUYプラットフォーム上で取引されることによって、バイヤー企業はもちろんのこと、サプライヤー企業にとっても、取り扱い件数が増えても業務が増大しなくなり、より多くの件数を取り扱うことができるようになるのです。

このことが、KOBUYプラットフォームに参画する双方に業務改善と労働生産性向上というメリットをもたらしている理由となっています。

そうなると今度は、KOBUYを提供する一貫堂自身も想定していなかったプラットフォームの自己拡大という新しい動きが始まりました。

ＫＯＢＵＹプラットフォームのゴールは、あくまでバイヤー企業のＤＸの成功による業務改善です。そのため、バイヤー企業はできるだけ多くのサプライヤー企業との取引をＫＯＢＵＹに集約し、ＤＸ化の範囲を押し広げることを目指します。

その動きの中でバイヤー企業からの、「このサプライヤー企業をＫＯＢＵＹに参画させてほしい」「こんな商品もＫＯＢＵＹで購入したい」などというニーズが集まり、カスタマーサクセス担当者はその声に最大限に応えながら、バイヤー企業の業務改善を推進し続けていきます。

ここで、想定外の動きが現れます。それは、サプライヤー企業からバイヤー企業を紹介されるという動きです。

バイヤー企業との取引のためにＫＯＢＵＹに参画したサプライヤー企業が、同業種で同じように取引をしている他の企業も、同じようにＫＯＢＵＹ経由で取引を開始できるのではないかと、横展開を考えたのです。

例えば、専用書類などの問題で取引を開始できていなかった企業があった場合、その問題をＫＯＢＵＹ経由の取引であれば解決できると分かり、サプライヤー企業が、取引を開始したいバイヤー企業をＫＯＢＵＹに紹介し、ＫＯＢＵＹ導入に向けた動きがスタートする。そんな動きが顕著になってきました。

これもまた、マルチサイドプラットフォームの特徴的な動きです。バイヤー企業側とサプライヤー企業側の双方が、ＫＯＢＵＹプラットフォームは、労働生産性や効率性を高めながら、取引を拡大することができる「場」であるとの共通認識を持つようになっていった結果です。

だからこそ、ＫＯＢＵＹ経由での取引を拡大したいという動きが、バイヤー企業とサプライヤー企業の双方から生まれ、「プラットフォームの自己拡大」という局面を迎えているのです。

□ 労働生産性を高めながら「取引の拡大」で起きること

このように、ＫＯＢＵＹプラットフォームを活用した取引は、間接材を購入するバイヤー企業にとっては労働生産性を高め、ムダな業務をなくすことにつながり、さらに多彩な調達先を拡大し、**調達力を高めながらも労働生産性を高め続ける**ことで、攻めの経営に直結します。

サプライヤー企業も同様に、労働生産性を高めながら取引先と取引量を拡大することができ、売上を向上させるプラットフォームという新たな営業チャネルを切り開くことになります。

さて、バイヤー企業は、KOBUYを通じて間接材購買業務が効率化することで、そこに関わっていた人材を他の業務に転換することもできるようになります。

これから人手不足が激化する中では、ムダな業務がなくなったからといって、すぐにリストラとはなりません。むしろ、その人材を別の業務で活躍させたいと経営者は考えるようになってきています。

新たな採用に時間とお金をかけなくても、社内の人材を新たな価値を生み出す業務へと再配置することができるようになるのです。

他方、サプライヤー企業は、KOBUYを活用する多様なバイヤー企業との取引を通じて、新たな商品やサービスを着想したり、より顧客体験を高める商品づくりに取り組んだりすることができるようになります。これによって商品の付加価値が高まれば、より大きな売上を実現していくでしょう。

このように、KOBUYプラットフォームの両サイドに分かれるバイヤー企業、サプライヤー企業は、取引にＫＯＢＵＹ上のデータを活用しながら取引量を拡大させることができ、かつ労働生産性を向上させ、新たな付加価値を作り出す関係性が構築されていきます。

ここで、日本で生み出され成長したマルチサイドプラットフォーム企業、メルカリを紹介したいと思います。

メルカリは個人間売買のプラットフォームとしてスタートしましたが、ＧＡＦＡのようなマルチサイドプラットフォームの進化版と位置付けることができます。

通常、マルチサイドプラットフォームでは、買い手、売り手といった役割が固定されていることが多く、プラットフォームを運営する企業は決まった役割で最大の効率性を発揮するよう、顧客体験を高める努力をしています。

しかしメルカリは、その固定された役割がないという点が非常にユニークなマルチサイドプラットフォームです。

ユーザーは出品すれば売り手、購入すれば買い手になりますが、その役割は固定的なものではなく、売り手も買い手にもなり得ますし、買い手もまた売り手になり得ます。こうして、ユーザーが売買を繰り返す「メルカリ経済圏」が構築されているのです。

ＫＯＢＵＹでも、そうした動きが出始めています。

買い手であるバイヤー企業として参画していた企業が、ＫＯＢＵＹプラットフォームでの調達を進めているうちに、「自社製品やサービスを、ＫＯＢＵＹで販売してはどうか？」と考えるようになってきたのです。

間接材購買業務を効率化すべく、買い手として参画していたプラットフォームに、自社もまた売り手として参画し、ＫＯＢＵＹを導入している他の企業に対しての販売に乗り出そうとしています。

全ての企業が商品やサービスの販売に乗り出せるわけではありませんが、バイヤーであり、サプライヤーであるという企業の出現は、ＫＯＢＵＹプラットフォームを、メルカリのような進化版のマルチサイドプラットフォームへと変化させています。

もちろん、買い手・売り手のどちらで参画しても、労働生産性を向上させ、付加価値を作り出す業務に携わり続けることができます。

その点ではＫＯＢＵＹバイヤー企業のサプライヤー参画は、まさに、付加価値を作り出す業務の１つの答えと位置付けることができます。

第 3 部

私たちはこうしてDXを成功させた

KOBUYを導入したバイヤー企業（KOBUYにとってのクライアント企業）、KOBUYに参画したサプライヤー企業の事例をご紹介します。

建設、大学といったバイヤー企業等の代表的な業種の購買業務の改善事例だけでなく、それらの企業と取引をしているサプライヤー企業からもお話を伺っています。

大企業、アナログ企業から、街の文具店まで、バイヤー企業・サプライヤーネットワークに参画した企業の双方から、業務改善と労働生産性向上、そしてデジタル化の実現、さらに業務改善といった効果を発見することができました。

第7章

事例：西松建設

建設会社の働き方改革がいかにして成功したのか？

□ 2024年問題、2030年問題に直面する建設業界で進む対策

建設と運輸の両業界は、労働時間の規制に関する法律の施行に5年間の猶予が与えられました。その猶予期間が終了し、他の業種と同様の規制が始まるのが「2024年問題」でした。

さらに、2030年に向けて、労働人口が減少し続ける日本において、特に、技術のある社員が重要な建設業界においては、そうした人材を生かしながら、ビジネスを

進めていく体制づくりが急務でした。

建設会社としていち早く組織の改革に取り組んでいたのが、西松建設株式会社でした。

西松建設は、道路や鉄道、ダムなどの公共施設の建設や都市開発など、さまざまなプロジェクトを手掛ける大手総合建設企業です。官庁系の大型土木工事を得意とし、発電所や基地、空港、高速道路、大規模商業施設や大学、病院、海外のトンネル・鉄道工事にも実績があります。

そんな西松建設は、会社を挙げて、ＤＸ（デジタルトランスフォーメーション）に向けた取り組みを加速させており、ＫＯＢＵＹも間接材購買のＤＸを目的として導入されました。

改革のきっかけは２０１９年に、西松建設に「現場工務革新センター」が立ち上がったことにさかのぼります。現場のあらゆる業務の改革が行われる中で、間接材調達においては、従来の調達方法では、発注（購入）から請求処理に至るまでの時間・費用がかかっていることが問題として挙げられたのです。

当時、グループ長をしていた高橋英児氏は、同センターのミッションとＫＯＢＵＹ

との出会いを以下のように説明しました。

「現場工務革新センターは、工事現場が抱えるいろいろな問題や困っていることの解決を主に取り組んできました。中でも大きなテーマは、時間外労働の削減です。労働時間は建設業界全体の問題になっています。時間がかかっている業務の合理化が必要で、対策を社内で考えていた時に、ＫＯＢＵＹに出会いました」（高橋氏）

建設業界における直接材とは、建物などの建造物の材料を指し、調達価格や品質、数量、納期などは本業に直結する重要な検討事項となります。一方で、建物の材料にはならないけれども建設現場で必要になる間接材は、調達に時間をかけてはならない対象でした。

時間をかけるべきではない間接材の調達で、ＫＯＢＵＹは、労働時間削減と業務の合理化のツールになり得ると西松建設は考えたのです。

□ 買い出し、立替精算で月末には段ボールが領収書でいっぱいに

高橋氏は、現場工務革新センターに勤務する以前、工事現場で実際に間接材を購入する立場にいました。そのため、現場で起きていたさまざまなパターンを経験していたのです。建設会社におけるKOBUY導入以前の状況を、次のように振り返ります。

「建設現場では、電話やファクスでの発注ばかりでした。モノの種類によって業者がバラバラだったり、誰がどこで何を頼んだのかが分からないこともしばしばありました。

昨今、徐々にオンラインでの購入も使われるようになりましたが、例えばモノタロウやAmazon、アスクルなど、購入先が3つある場合、アカウントを3つも4つも管理しなければなりません。

さらに購入した後の領収書を1枚1枚処理するのも手間になっていました」

（高橋氏）

山中のトンネル工事の現場ともなると、麓のホームセンターなどに買い出しに行って、自身のお金で立替購入し、また現場まで戻ってくるということを何度も経験したといいます。

当然、そこでは往復の移動時間がかかりますし、必要なものが、必要な数量分見つからなければ、何件もお店を回って買い揃える必要があります。現場の事務所に帰ってきたら、立替精算のための領収書の入力作業が必要でした。

そのように現場で都度必要なものを買い集めるため、業者からの請求書や立替の領収書で、段ボール箱いっぱいになるほどでした。これを月末に向けて、入力作業などの事務処理を行わなければならず、そのために残業せざるを得ない状況にも見舞われていたのです。

高橋氏は、現場での経費精算、立替精算などの処理を担当していたこともあり、その処理の煩雑さや、時間がかかることで本来の建設に関連する業務時間が削られていく課題を強く意識せざるを得ませんでした。そのため、この状況を何とか改善したい、と強く思うようになっていきました。

□まずは1つの現場から導入、社内で業務改善の噂が駆け巡る

高橋氏は現場工務革新センターに移り、KOBUYを関東土木支社の現場から導入し始めることにしました。

現場で必要になったものを購入する場合、業者に頼む場合は電話かファクス、自分で買いに行く場合には立替精算が必要となります。加えて、ECサイトなどオンラインでの発注も徐々に活用されるようになっていました。

スマートフォンからでも買い物ができるECサイトの便利さは、商品を検索で探せる点にあります。業者に発注する場合は、一般的に自分でカタログから商品コードを見つけて、コードの数字を伝票に書いたり、電話で間違えないように口頭で伝えたりする必要があります。しかも、カタログがないところでは発注そのものができないため、事務所に戻る必要がありました。

日常生活でもよく使われるECサイトでは、個人で使っているアカウントとは別の会社用のアカウントを作って管理しなければなりません。

また、ECサイトごとにアカウントを管理しなければならないため、そのアカウント管理も煩雑になってしまいました。その上、自分のクレジットカードで購入することもあったため、最終的には立替精算を行うことになり、非常に大きな手間となります。

このように、建設現場での間接材購入には手間がかかっていたのですが、現場ではそれが当たり前となっていたのです。

そうした現場にKOBUYが導入された結果、どうなったのでしょうか。

「KOBUY導入によってなくなったのが立替精算です。複数あるECサイトにまたがっていたとしても、KOBUYからまとめて発注されるため、全てがKOBUYへの請求書に切り替わりました。

また発注する際に、あらかじめ仕訳も設定できるため、領収書やレシートの精算処理を行う際、改めて仕訳を1つずつ入力していく必要もなくなりました。

また、KOBUYで必要な間接材を検索して探すようになったことから、業者やメーカーのカタログを手元に置いておく必要がなく、スムーズな発注も実現することができるようになりました。

今の若い世代の人たちは、自分たちの買い物もＥＣサイトで検索して見つけていることが多いので、彼らも普段慣れている方法で発注できることで、かかる時間が短くなったのです」(高橋氏)

このような大きな変化は、立替精算や仕訳の入力作業などから現場の担当者が解放されることを意味します。加えて、普段慣れている方法で、会社の間接材を購入することができるようになり、利便性を高めながら、残業時間の圧縮に成功しました。

こうして、西松建設は、一つの現場からＫＯＢＵＹを導入し始め、これが支社に広がり、他の支社間でも共有され、ＫＯＢＵＹの活用が社内へと広がっていったのです。

□　DX戦略室が注目する「創出時間」

西松建設は2030年のその先に向けて、「西松DXビジョン」を策定し、建設会社の業務のデジタル化を通じた業務改善、働き方の変革に取り組んでいます。2022年7月には、DXに対して積極的に取り組んでいる企業を認定する、経済産業省の「DX認定」を取得するなど、外部からもDXの取り組みが評価されています。

西松DXビジョンの取り組みには、2つの目標、すなわち「生産性の向上、職員の業務時間の効率化」と、「新しい価値を作り出すこと」に主眼が置かれていました。業務効率化を推し進めることで、価値創造のための時間を作り出し、付加価値の高い仕事へと転換していくこと。これが西松建設におけるDXのゴールと位置付けられているのです。

西松DXビジョンを推進している社長直轄の組織「DX戦略室」で、デジタル技術革新部を統括する前啓一氏は、社内でのKOBUYの広がりについて、次のように見ていました。

「私がＤＸ戦略室に入った時には、すでにＤＸ部門が関与しない形、つまり口コミで、ＫＯＢＵＹが支社間で広まり始めているタイミングでした。そのため、ＤＸ戦略室が導入を決めて推進した、というよりは、社内で勝手に広まっていった、というのが実際のところです。

使っている現場のユーザーの評価が高かった結果ではないかと見ていました。実際、ＫＯＢＵＹの競合となるようなツールの検討も、する必要がなかったと言えます」（前氏）

前氏自身も、長年、現場での経験を積む中で、細かい間接材を注文する際、請求書や領収書などの書類が細分化され、これを1つずつ入力する手間が発生していたと振り返ります。その上で、「ＫＯＢＵＹからまとめて請求があり、一度の処理に集約される点は良かった」と、ＫＯＢＵＹによる業務改善を評価していました。

前氏は、西松ＤＸビジョンの中で注目している、ＤＸによる効果について、「創出時間」に着目していると言います。

実際に労働時間を削減することに加え、本来やらなければならない業務に充てる時間や、より丁寧に業務に当たる時間を作り出すことが、「創出時間」です。業務改善によって社員が利用できる時間が増えることこそ、ＤＸの効果だと位置付けています。

想定外の業務効率の進化と、それに応えるカスタマイズ

前氏は、「現場がＫＯＢＵＹを評価している」と指摘します。そこで出てきたのが、ＫＯＢＵＹによって、さらなる業務効率化に取り組めないかというアイデアでした。

建設会社には「社内専用品」という間接材があります。例えば、ヘルメットや作業着、安全掲示物、社旗といった、会社の名前やロゴが入っている、西松建設専用の商品のことです。

これまでは、支社ごとにこうした社内専用品を在庫管理しており、支社で在庫がなくなると、本社から発注するという業務の流れでした。

「北日本支社から、支社でやっている社内専用品の発送・管理業務の効率化を、ＤＸ戦略室で実現できないか？と相談があったことがきっかけです。

そこで、ＫＯＢＵＹで社内専用品を、現場から発注できるようにできればよいのではないか、というアイデアに行きつきました」（前氏）

そこで、西松建設を担当するＫＯＢＵＹのカスタマーサクセス担当者に相談し、社内専用品を現場からＫＯＢＵＹ経由で直接発注することができるように実装するカスタマイズを行ったのです。

本社がメーカーに社内専用品を発注するところは従来通りでしたが、これまで支社ごとに行なっていた在庫管理と受注・発送業務を物流倉庫に移管しました。ＫＯＢＵＹから社内専用品を発注し、物流倉庫から各現場に直接出荷されるようにしました。

これにより支社は、社内専用品の在庫管理と受注・発送業務から解放されることになったのです。支社から業務が1つ丸ごとなくなったわけで、これを担当していた人の業務時間は、丸ごと「創出時間」として、他のやるべき仕事に割り当てることができるようになりました。

現場にKOBUYでの間接材の発注業務が浸透しているからこそ、活用を深めていくことで、業務効率化の領域を拡大していくことができたのです。

建設業界では、1年で約15000時間の発注業務短縮、約38400時間の経理業務短縮に

ここで、KOBUYを導入する場合、一般的な建設会社における「創出時間」を試算してみましょう。

KOBUY以前、2つの業者にまたがって商品を購入する場合の発注作業は、次のようなフローと所要時間になっていました。

1. 商品選定 20分：業者ごとのカタログで型番を見ながら、発注書を業者ごとに分けて作成
2. 購入申請 20分：業者ごとの発注書に、上長から承認をもらう
3. 発注 10分：業者ごとに異なる方法（電話、ファクス、メール、システムなど）で発注書を送る

このように処理すると、1つの発注当たり25分、2つまとめて発注しようとすると、それだけで50分もの時間がかかってしまうことになります。

これをKOBUYのフローに置き換えると、次のようになります。

1. 商品選定 10分：KOBUYの画面で写真を見ながらECサイトのように商品選定
2. 購入申請 2分：書類を作成せずにKOBUYの画面から上長に購入申請
3. 購入　　 2分：承認が取れたものを、KOBUY画面上から発注処理

このフローは、1発注当たり7分、2つの発注をまとめて行っても14分で済みます。KOBUY以前のフローと比較し、36分もの「創出時間」が得られます。

これが1年間、50の建設現場で毎日積み重なると、どうなるでしょうか。試算してみると、約1万5000時間もの時間が短縮されることになります。

また経理業務の短縮はさらにインパクトがありました。従来のフローから見ていき

ましょう。

1．現場事務所　515分

1．1　請求書と納品書の突合作業

1．2　上長承認

1．3　仕訳

1．4　システム入力

1．5　帳票送付

1．6　支社とのやり取り（電話など）

1．7　立替精算の申請

1．8　立替精算の内容確認

2．支社　260分

2．1　帳票突合

2．2　立替精算の内容突合

2．3　現場とのやり取り（電話など）

2.4　請求書支払処理

2.5　立替分振込処理

2.6　帳票の保存

そうしたフローが、ＫＯＢＵＹを導入することで、拠点での経理業務は7分、支社での業務は1分で終了するようになります。

なぜそんなに時間が短縮されるのでしょうか。

まず現場での経理業務については、ＫＯＢＵＹ上で発注書をベースに、納品書・請求書が作られるため、突き合わせをする必要がなくなります。加えて、経費科目の仕訳も発注時に行うことができ、経理業務で行う必要がなくなるのです。

さらに、支社の経理業務は、ＫＯＢＵＹで上がってきたデータをチェックするだけで済むため、後は立替精算の処理を行うだけでよくなるのです。

発注業務のように、50現場で1年間稼働させ、支社が5つある場合、ＫＯＢＵＹ導入以前との差は年間3万8400時間にも上ります。

このように、ＫＯＢＵＹ導入効果を時間で換算すると、発注と経理で5万3400

時間もの時間が創出され、時間あたり2000円のコストで計算すると、1億680万円以上の業務コスト削減効果を発揮することになるのです。

西松建設――建設会社の働き方改革がいかにして成功したのか?
1874(明治7)年創業、2024年に創業150周年を迎えた建設会社。勇気、礼儀、正義~挑戦する姿勢、感謝する気持ち、正しい姿勢~を社是として、「価値ある建造物とサービスで安心して暮らせる持続可能な社会をつくる」を企業理念とする。https://www.nishimatsu.co.jp/

第8章

事例：つくし工房
月末の請求書送付の総力戦から解放される

□建設現場でおなじみのキャラクター

つくし工房は、建設現場でヘルメットを抱えて頭を下げるキャラクター「つくし坊や」でおなじみの、安全標識や保安用品をはじめとした、工事現場で欠かせない間接材を扱うサプライヤー企業です。

昨今、最高気温が40℃にもなる高温に見舞われる日本の夏場では、屋外作業は過酷さを極めており、熱中症対策となる空調ジャケットや身体冷却用品、塩分補給飴なども扱う、建設現場の強い味方となっている企業です。

つくし工房の創業は東京オリンピックの年、高度経済成長の建設ラッシュに沸く１９６４（昭和39）年。当時は工事現場での安全対策や啓蒙活動は今のように必ずしも整ってはいなかったため、そうした看板設置などのニーズを捉え、成長してきました。

建設業界との結び付きは強く、現場向けの商品は1万点を超え、これを収録しているカタログは実に３００ページ以上の分厚さがありました。建設現場にこのカタログを置いてもらい、型番で発注してもらう形でビジネスを行ってきました。

株式会社つくし工房の取締役営業部部長、倉持滋氏（２０２２年取材当時）は、ＫＯＢＵＹ導入以前のつくし工房での仕事について、次のように振り返ります。

「建設業界自体のＤＸが遅れていたのは事実です。我々も、ご発注いただく建設会社も、デジタル化が行われておらず、電話、ファクス、メール、郵送という手段に頼りながら、仕事をしてきました」（倉持氏）

では、ＫＯＢＵＹ導入以前、どのような営業スタイルを取っていたのでしょうか。

□ 電話通信業務と月末の請求書送付総力戦

つくし工房のＫＯＢＵＹ導入以前の営業スタイルは、「フィールド営業」と「インサイド営業」の両面で行っていたといいます。

フィールド営業は、営業担当者が行ける範囲で建設現場を直接訪問し、カタログを置いてもらって、発注してもらうよう働き掛ける新規顧客獲得の業務です。

一方、インサイド営業とは、電話、ファクス、メールなどの手段で受注し、受注表を紙で受け取る、もしくは担当者が起票し、その内容を基幹システムに入力して商品を発送し、納品書・請求書を作成して郵送する、という一連の流れで業務を行っていました。

「インサイド営業で受注することを、電話通信業務と呼んでいました。先方にもカタログはありますが、型番が分からないことや、『前回と同じものを』とのご依頼もあり、電話通信業務の担当者たちは、常に手元にカタログを置いて、

何でも電話口で即座に答えられるようにしていました」（倉持氏）

しかし、倉持氏はこの営業スタイルの問題点を認識し、改善したいポイントを明確に理解していました。

それは、紙で受け取った発注書を、基幹システムに手作業で入力していることです。この煩雑さを何とか解消したいと考えていました。

さらに、大手建設会社との取引には、別の問題も存在していました。

「各建設会社には、専用のフォーマットがあり、基幹システムから直接出力することができませんでした。そのため、いくら取引量が多くても、先方の専用フォーマットにこちらが手書きで請求書を作成する必要がありました。

そのため月末になると、営業担当者も経理担当者も、上司も部下も関係なく、社員総出で、数千枚にも上る請求書を手書きで作成しなければなりませんでした」（倉持氏）

ただでさえ取引量が多い大手建設会社が、それぞれ独自の請求書のフォーマットを持っており、これに対応するために手書きで請求情報を書き込んでいく必要があったのです。

働き方改革に取り組む上で、この「月末の総力戦」が改善されることは、大きな成果と位置付けることができるはずだ。倉持氏はそのように考えていたのです。

□西松建設からＫＯＢＵＹへの参画依頼

つくし工房がＫＯＢＵＹと出会ったのは、取引先の大手建設会社である西松建設からのお声掛けでした、と倉持氏は振り返ります。それまで、ＫＯＢＵＹというシステムについては知らなかったと言います。

ＫＯＢＵＹ導入中の西松建設がつくし工房に声を掛けた理由は、建設現場では必ず発注することになる重要なサプライヤーであるつくし工房が、ＫＯＢＵＹに参画することで、西松建設にとってもメリットがある、間接材購買業務のＤＸ化が進むからでした。

第6章で、KOBUYは、買い手であるバイヤー企業と、売り手であるサプライヤー企業が、プラットフォームを挟んでマッチングしつながる「マルチサイドプラットフォーム」というモデルになっていることを紹介しました。

バイヤー企業からすると、サプライヤー企業との取引がKOBUY上で行われるようになればなるほど、業務の効率化が進行していき、アナログ作業から解放されていきます。だからこそ、西松建設はつくし工房に声を掛けたのでした。バイヤー企業もまた、取引先であるサプライヤー企業がKOBUYに参画し、KOBUY上で取引が行われるようになることを望んでいるのです。

では、サプライヤー企業であるつくし工房からみると、西松建設からのKOBUY参画依頼は、どのように受け止められていたのでしょうか。

「不安材料がたくさんあった一方で、毎月数千件の請求書がKOBUY経由になることで、担当者の業務改善につながると考えました。また、弊社の基幹システムとの連携を行うことで、大幅な働き方改革につながるとの期待もありました」（倉持氏）

□目に見えた業務改善効果

西松建設からの参画依頼を受けてKOBUYを導入したつくし工房は、社内で検討を進め、課題と認識していたデジタル化の遅れや、負担の大きな業務の改善、自社内で抱える課題に対する解決など、KOBUYを働き方改革のきっかけとなると考えるようになりました。

特につくし工房が着目したのは、KOBUYによる「顧客体験の向上」でした。つくし工房で総務・人事・DX化を担当する取締役総務部長の坂本義一氏は、その導入効果を次のように語ります。

「KOBUYによって、受注した際の社内での起票の手間がなくなります。お客様は画面で直感的に選んで発注頂き、我々の手元では商品型番で受注データが届くため、間違いがなくなりました。双方にとって、時間の短縮と効率化につながったと見ています」（坂本氏）

これまでのやり方では、営業担当者が現場にカタログを届けて、クライアントとなる企業はそのカタログを頼りに、電話やファクスなどで発注をしてきました。

しかしＫＯＢＵＹでは、発注する人が、具体的に一目で見て分かる写真付き商品データから必要なものを選べて、商品価格も営業担当者に聞くことなく確認することができるようになりました。また、それまでのように顧客が型番を発注書に書き込んだり、口頭で伝えたりする必要がなくなったのです。

つくし工房では１万点もの商品を扱っているため、型番を正確に伝達することは、発注ミス、納品ミスを減らすために重要なことでした。そのため、担当者は間違いがないよう、口頭で複唱するなどして、型番をしっかりと確認することが重要となっていたのです。

しかしＫＯＢＵＹの発注では、バイヤー企業側で型番を意識することなく写真と説明から商品を選ぶため、発注ミス、納品ミスが劇的に減っていきます。

これは営業担当者の電話での質問対応などの負担がなくなることを意味しており、顧客体験の向上と、つくし工房側の負担軽減が両立できるようになりました。

何より、KOBUYの発注は、電話やメール、ファクスなどの取り扱い、手書きを含む専用フォーマットでの請求書等の作成負担、請求書を送付する郵送費などがなくなるため、これまで解決できなかった担当者の業務負担の軽減にもつながりました。

さらにKOBUYが現場に請求業務を代行することから、売掛金の回収率が向上したことで、会社全体の会計健全化にも寄与したのです。

電子カタログ作成と、新しい代理店ビジネスの確立へ

ただし、KOBUY導入時の苦労もあったと倉持氏は振り返ります。

「情報担当者がいなかったため、KOBUYでの販売を行うための商品リストの作成や、画像の選定といった作業は、営業部と総務部が通常業務の合間を縫って作業をしてきました。商品データベースの作成も、各部門が時間を見つけながら進めていきました。

長年カタログで営業してきたことから、社内にはデザイン部門があり、商品

の写真を撮影し、画像データをカタログに掲載する業務を現在も行っています。これらの部門とも連携しながら、十数種類に上る専用カタログも、徐々にデジタル化し、ＫＯＢＵＹでの購入ができるようにしていきたいと考えています」（倉持氏）

西松建設向けの専用品は、つくし工房の取り扱い商品だけでも７００点に上りますが、ＫＯＢＵＹの販売は、この７００点以上に増えてきています。一般製品も含めて、ＫＯＢＵＹ経由で取引できるようになると売上向上につながるとして、つくし工房としても期待を寄せているのです。

また、販売チャネルの見直しにも着手しました。坂本氏は、建設業界のデジタル化の流れが加速している点に着目し、つくし工房ＥＣサイトを用意する決断をします。具体的にはＫＯＢＵＹ参画のために電子カタログ作成を行っていく中で、ＫＯＢＵＹ経由だけでなく、他のプラットフォームや、一般のＥＣサイトとしてできるようにしたいとして、ＫＯＢＵＹにシームレスに対応できるＥＣサイト構築のプラットフォーム「ＫＯＢＵＹ ＥＣ」(https://portal. kobuyec.jp/) の活用も始まりました。

「これまで、代理店制で販売してきたため、ＥＣサイトでつくし工房が直販してしまうと、特に地方の販売チャネルとなっていた地方の代理店の売り上げを毀損してしまう、という懸念がありました。

しかし、地方の代理店にとっても、人手不足が深刻化しており、営業のために現場を回りきれない、という新たな問題が出てきました。あるいは、そうした代理店のビジネス縮小や廃業となると、販売チャネルを失ってしまうことになります。

ＫＯＢＵＹ ＥＣは、そうした地方の代理店の営業業務をカバーし、商品を現場に届ける役割を担うことで、代理店ネットワークの維持にも寄与することができるのではないか、と検討しています」（坂本氏）

これまで通りのビジネスの仕組みが維持できないところまで、地方の人手不足は進行しています。そうした状況の中で、自社と代理店のビジネスを維持・拡大していく

ために、KOBUYとKOBUY ECによる販売ネットワークのフォローを実現しようとしているのです。また、KOBUY ECによる取引は、取引拡大の際のリスク低減と業務効率化にもつながっていると言います。

「例えば、初めて取引するお客様の場合、与信の審査などの手続きに、担当者の工数を割くことになり、入金後の発送となるため、商品を届けるまでに時間を要してしまうことになります。

しかしKOBUY EC上での取引で、一見のお客様ともスムーズに取引が行えるようになることが期待できます。」（坂本氏）

業務効率化と売上拡大を狙う、職場にもう一人の担当者

つくし工房にとって、KOBUYは、当初は取引先のデジタル化を支援するための参画でしたが、その後、社内のデジタル化による業務効率化だけでなく、変化する地方でのビジネス環境を刷新するための新たなビジネス手段としての役割も発揮するよ

うになってきています。

こうした多角的な活用について、倉持氏は、「KOBUYはもう一人の営業部員、もう一人の営業事務員、もう一人の経理部員として活躍してくれる」と表現してくれています。また、坂本氏は、次のように期待を込めます。

「KOBUYでは、取引がある建設会社で新しい現場が追加されると、通知が届く仕組みになっています。その現場からは、オンラインを通じて発注いただけるようになりますし、通知を元に担当者が営業することができます。

KOBUYへの参画、KOBUY ECの導入を通じて、業務の軽減と売り上げの拡大の両立を目指しています。同時に、請求業務の負担やリスクの低減といった効果を得ることができます。

また、お客様にとっては、請求書がたくさん届いてしまい処理に苦しんでいる、発注業務でカタログを参照しなければならず煩雑、といった問題の解決になります。間違いも減って、顧客体験が向上するため、ぜひ多くのお客様にKOBUY経由での取引を行っていただきたいです」（坂本氏）

西松建設のようにＫＯＢＵＹを導入する企業が増えれば、業界全体でアナログ作業から解放される時間は大きくなっていきます。また地方を含めた人手不足の深刻化に対応する手段としても、ＫＯＢＵＹの役割は大きなものになっています。

それだけに、ＫＯＢＵＹの建設業界内への広がりは、つくし工房にとっても、重大な関心事となっているのです。

つくし工房――月末の請求書送付の総力戦から解放される１９６４（昭和39）年5月創業。安全図案標識板、工事用保安機材・安全用品等を制作してきた安全標識のパイオニア。ＳＤＧｓに配慮し、「目標8　働きがいも経済成長も」と「目標12　つくる責任つかう責任」に取り組んでいる。また、地球温暖化防止に向けて、CO_2削減効果の高い、環境に配慮した製品開発を行っている。https://www.tukusi.co.jp

第9章

事例：近畿大学

熱量を持って伴走することで、DX目標を達成する

□「なぜこうしたものが今までなかったのか？」

近畿大学は、2025年に100周年を迎える、歴史ある大学です。現在は東大阪キャンパスをはじめ西日本に6つのキャンパスがあり、15学部49学科を持つ総合大学です。日本で最も志願者数が多い人気大学としても注目を集めています。

また、近畿大学といえば「近大マグロ」。近畿大学の建学の精神は「実学教育」と「人格の陶冶」であり、2002年に世界で初めてクロマグロの完全養殖に成功した

「近大マグロ」は、「実学教育」の象徴といえます。研究活動や学生の活躍、ブランディングなどで日本中の大学関係者からも注目されており、全学的なＤＸにも力を入れています。

ＤＸ化に取り組む過程で、大学校費の管理を担当する近畿大学法人本部管理部用度課の脇航一さんは、ＫＯＢＵＹを上層部から紹介された時の印象を、次のように答えています。

「ＫＯＢＵＹを知り、カスタマーサクセス担当の加藤昌孝さんから細かいレクチャーを受けたとき、なぜそういったものが今までなかったのか、という思いでした。ＥＣサイトだけでなく、既存のサプライヤーでも利用できるのではないか。また、膨大な件数を扱うからこそ、導入が必要なシステムだと思いました」（脇氏）

□ペーパーレスの達成と業務効率化実現、近畿大学が全学で目指すＤＸ

ＫＯＢＵＹ導入の背景には、近畿大学が目指す「全学的なＤＸ化」という目標がありました。その具体的な指標として、「ペーパーレス」「業務集約」「入力レス」「在宅ワーク」の４つの指標が示されており、大学業務全体の効率化を目指してきました。

ＫＯＢＵＹ導入以前の用度課が抱える業務は、こうしたＤＸが示す指標とは真逆の環境にあった、と当時の担当者は振り返ります。その上で、複雑な業務フローを象徴していたのが、物品調達に関わる膨大な紙の存在でした。

「近畿大学の物品、建物の管理をしているのが管理部。物品からソフトウェアの購入・管理を行っているのが用度課です。東大阪キャンパスでは一括管理をしています。その中で課題となっていたのは、業務フローが複雑で、申請から納品まで約3週間かかることでした。ペン1本買うにも、申請書、見積比較な

ど で、少なくとも5枚の紙が必要でした。これほど大きな大学ともなると、紙やインクなど印刷にかかるコスト、書類を処理するパソコンやプリンターの電力コストは大規模なものになります」(脇氏)

近畿大学はＤＸに取り組むだけでなく、環境対策を含むＳＤＧｓに向けた取り組みの観点からも、職員一人ひとりが省エネに取り組む努力を続けてきました。そうした中で、物品やソフトウェア調達の際に使われる「紙」の存在が大きな問題となっており、全学をあげた中長期の「ペーパーレス化」を計画しました。

その目標との関連で、ＫＯＢＵＹ導入によって物品購入に関わる紙を減らしていくことができるのではないか。そして、ペーパーレス化が業務全体の労働生産性向上のきっかけになるのではないか、と期待されたのです。

ＫＯＢＵＹの導入プロジェクトとカスタマーサクセスとの連携

ＫＯＢＵＹ導入に当たり、用度課を中心として、関連部門でプロジェクトチームを組むことになりました。ＫＯＢＵＹを活用する部門だけでなく、全体のＤＸを総括する部門から、予算管理に関わる部門が加わりました。

当時の担当者によると、導入に向けたプロジェクトチームには、

- 大学の校費を扱う用度課
- 外部研究費を扱う学術研究支援部
- 学内のシステム管理を担うデジタル戦略室
- 申請予算の確認と支払を行う財務部

の４つの異なる部門が参加しました。

それぞれ視座が違うため、意見をぶつけ合って議論をしました。特に、近畿大学では独自の財務会計システムを採用しており、そことの連携がハードルになりました。近畿大学にＫＯＢＵＹが導入されることが決まった時点から、議論を重ねていったの

です。

課題解決に向けて、ＫＯＢＵＹのカスタマイズにも着手しました。これはＫＯＢＵＹのカスタマーサクセス担当によって、どのような対応が必要かについて細かく丁寧に検討されました。

具体的には、ＫＯＢＵＹにおける予算項目数を、標準的な5項目から近畿大学に対応するため13項目に増加させること。また、予算管理システムとのつなぎ込みを含む、独自システムへの対応が必要となりました。当時の担当者は、ＫＯＢＵＹがこれらのカスタマイズに取り組んだ点について、とても心強かったと話しています。

近畿大学の幅広い学問領域を全てカバーするためには、オンラインショッピングだけでは物品調達ができません。中には、既存の取引先でＥＣサイトを持たないサプライヤーもいます。

ＥＣサイトを持たないサプライヤーの商品をＫＯＢＵＹプラットフォームから購入

できるようにするには、まずそのサプライヤーをデジタル化しなければなりません。その対応も含め、ＫＯＢＵＹのカスタマーサクセス担当が進めました。

近畿大学のカスタマーサクセスを担当する加藤は、近畿大学とつながりの深い地元文具店などのデジタル化を支援し、これまで大学が大切にしてきた地元の店舗へも足しげく通い、ＫＯＢＵＹ経由での発注を実現させました。

「ＫＯＢＵＹの方たちには、近畿大学のＤＸ実現に向けて支援してくださる非常に高い熱量を感じています。独自システムへの対応、従来のサプライヤーのデジタル化を伴う営業活動などで、近畿大学に寄り添ったサポートを受けることができました」（脇氏）

□ デジタルツールでは到達できない領域まで、伴走型で問題解決に取り組む

デジタルツールの導入を扱うサービスの場合、いくら顧客が求めたとしても、デジタル対応ができないサプライヤーをカバーするところまでのサポートは行われないこ

とが一般的です。つまり、クライアントが求めている領域までの問題解決は行ってくれない、と脇さんは指摘します。

先に触れた通り、大学は非常に幅広い学問領域に対応するため、現在EC化されているサプライヤーからの物品調達だけでは、取り寄せることができないものも多数あります。そのため、アナログサプライヤーをデジタル化し、KOBUYに参画させなければ、近畿大学のDX化が止まってしまうのです。

KOBUYカスタマーサクセス担当の加藤は、近畿大学が高い熱量と感じるほどの情熱を持ってサポートし、「ペーパーレス化」というシンプルではあるけれども極めて難しいゴールの達成を目指したのでした。

□ KOBUYの効果測定(KPI)と実際の効果

ここで、プロジェクトチームは、KOBUYが導入されることで得られる効果について、次のような項目を設定しました。その目標と、KOBUY導入から1年間の効果は次の通りです。

- **ペーパーレス化**：ＫＯＢＵＹを活用する業務において、紙の使用をゼロにする。ＫＯＢＵＹ業務ではペーパーレス達成。２０２３年度の申請件数７０００件、２０２４年度は７月までに同６０００件を取り扱い、１案件当たり５枚の紙が必要だったため、これまでに６万５０００枚の紙が削減された。
- **納期の短縮**：最大３週間かかっていた納期を短縮する。申請から承認・発注までがシステム上で完結するため、早いものでは翌日、平均を取っても2〜3日で納品されるようになった。
- **事務作業量の大幅な削減**：７名の用度課職員の事務作業、業務負担を軽減する。それまで４、５名が物品調達の手続きにフル回転していた状態だったが、ＫＯＢＵＹ導入後は、１、２名でそれらの業務を賄えるようになった。
- **発注件数の増加**：手続きを簡略化し、教員が必要なものを即時申請できるようにする。
- **手続きの簡略化**：納期の短縮のため、必要なものを必要なときに発注できるようになり、物品購入の申請の即時化が起き、従来の2割増で発注いただいている。

ＫＯＢＵＹは、ＤＸに関連する数値的な目標設定に対して効果を発揮し、達成に導いていきました。同時に、用度課の職員が働きやすくなったという実感もあると言います。

「教員からはこれまで「急いでほしい」「早くして」という要望ばかりだったのですが、ＫＯＢＵＹ導入により、以前より納期が早くなったことで、それが「感謝の言葉」に変わりました。これが何よりうれしかったことです。ＫＯＢＵＹによる納期の短縮と作業量削減は、職員も教員も身をもって感じています」（脇氏）

□研究機動力は、大学の競争力につながる

脇さんは、ＫＯＢＵＹを「大学とサプライヤーをつなぐ橋渡しとして欠かせないサービス」と表現しています。

ECサービスだけでなく、既存のサプライヤーも大切にしており、専門性の高い物品も調達できる点で、他のサービスと一線を画しているとも言います。

今後、10万円を超える物品の資産登録の自動化や、さらなるサプライヤーの拡大に期待を寄せており、特にサプライヤーについては、他大学で採用しているサプライヤーにも興味を持っています。

脇さんによると、KOBUY導入に当たり、用度課は他大学の事例を深く学ぶところから始めたと言います。その理由は、近畿大学の教育機関としての在り方にも通じていました。

「KOBUYを導入するに当たり、近畿大学は厳しいルールを敷いて運用していますが、これを維持しながらも教員の業務、職員の業務が軽減されました。特に重要なのは、教員が必要な時にすぐに申請すれば、すぐに届くようになった点です。

こうした機動力は研究能力の向上につながります。機動力のない大学は、研究能力が下がります。必要なものがスピード感をもって届かないという理由で、優秀な研究者が他の大学に移ってしまうことがあるからです。幅広い研究領域を持つ総合大学こそ、ＫＯＢＵＹの導入効果を実感できるのではないでしょうか」（脇氏）

□ ＤＸと共に欠かせない、コンプライアンス遵守

ＫＯＢＵＹは、高い競争力を誇る近畿大学を、ＤＸ、働き方、機動力の面からサポートするソリューションとして着実に定着し、効果を上げることに寄与しています。今後も大学と寄り添いながら、共に発展を遂げていくことに、大きな期待が寄せられています。

そうした中で、ＤＸの具体的な数値目標を達成していく様子は、ＫＯＢＵＹの導入効果として、近畿大学内外にとって非常に大きな意味を持っています。

一方で、コンプライアンスの遵守という、絶対に外してはいけない要件を達成しながら、同時に業務改善、効率化、労働生産性向上に取り組むという難しい課題も存在します。

大学にコンプライアンスが課される中で、予算を管理しつつ適正な運用を行うことは重要な問題です。これを守りながら、近畿大学が考える競争力の源泉となる「研究の機動力」も両立させなければなりません。

近畿大学 大学運営本部 学術研究支援部 補助金事務課の杉田晃一課長に、KOBUY導入による、コンプライアンス遵守と機動力向上という2つの問題解決について聞きました。

□ 大学校費と外部研究費の違い

大学で研究を行う上での予算は2種類あり、それぞれ性格や取り扱い、対象となる教員に違いがあります。この点について、杉田さんは次のように解説します。

「教員が使える予算のうち『大学校費』は、各部門や用途単位の予算として管理している教育・研究・部門運営などに使われる、職員も使う予算です。

一方『研究費』は、学術研究支援部が管理している予算となります。こちら

は、国や企業から研究費を獲得した人が使える予算となり、教職員全員が利用できるわけではありません」（杉田氏）

こうした事情があるため、予算として見たときに大学校費は専任教職員全員に割り振られるものですが、研究費は教員ごとに紐付けていかなければなりません。そのため、予算と教員との紐付け作業が煩雑になります。

Amazonは絶対、という教員の強い声

近畿大学でKOBUY導入のプロジェクトが立ち上がる中で、特に学術研究支援部における課題は、「Amazonを使いたい」という教員ニーズへの対応と、「立替精算を減らしたい」という課題解決を両立することでした。

「商品の取りそろえや納品までの時間短縮から、教員には研究費における Amazon利用のニーズが大きくありました。しかしAmazonを利用する場

合、教員による立替払いをしていただく必要がありました。

立替払いをするには、理由書を書き、領収書を添付した上で、通常の物品購入のための手続きとして、同様に申請していただく必要があります。そこでは添付された立替払い理由書の項目や内容確認が必要になり、確認作業が増えてしまいます。教員も学術研究支援部も、お互いに時間を余計に使わなければなりません。

同時に、先生に先に購入分のお金を負担してもらうことにもなり、個人のAmazonアカウントでの購入は、私物と研究費での購入の区別がつきにくくなるなど、場合によっては、不正の温床にもなりかねません」（杉田氏）

購入申請は、学内システムによるデジタル申請となり、領収書などは添付ファイルでの扱いが可能ですが、監査のために原本の提出が別途必要となるため、教員に提出してもらった紙の管理が増えることになります。

Amazon利用へのニーズが高まる中、厳格な運用をしようとすると教員・職員双方で工数が増えるのが立替払いでした。外部研究費（科研費）の支出は科研費だけでも年間5000件にも上りますが、そのうちの3割に相当する1530件が立替払いとなっており、これを大幅に減らすことがKOBUYに寄せられた期待でした。

□ データ集約がカギに

教員のAmazon利用のニーズが高く、独自に運用してきた実態があるため、KOBUYを経由したAmazon利用においては、立替精算を減らすことが学術研究支援部にとっての課題となっていました。その実態から明らかになった問題点もまた存在しました。

「教員の中には、すでに大学のメールアドレスで独自にAmazonのアカウントを作って、個人用として利用している人が存在していました。KOBUY経由でAmazonを利用可能にする場合、既存のアカウントの取り扱いを考えなければなりません。

大学のメールアドレスを個人用のAmazonに登録している場合は、別のメールアドレスに変更するか、新規に作成したメールアドレスをＫＯＢＵＹで利用するＡｍａｚｏｎアカウントに登録するのかを、個別に確認する必要がありました」（杉田氏）

こうしたデータの集約と調査によって、Ａｍａｚｏｎ利用の移行作業が進行していきました。ＫＯＢＵＹ経由でのＡｍａｚｏｎ利用に切り替えることで、利用する教員や研究室の情報が集積され、学内の研究室までの配達へとサービスを向上させることができるようになります。

しかし、ここでも調査が必要となりました。

「最も苦労したのは、さまざまなデータが一元管理されていなかったことで、教員や研究室が、学内のどこにあるのかをとりまとめることなどでした。どの建物の何階に、どの研究室があるのかを一元的に管理しているデータがなかったのです。そのため、研究室の場所の情報を一から集めなければなりませんでした」（杉田氏）

これらの調査の必要性、物品を購入する教員の手間の低減と購買体験の向上などは、ＫＯＢＵＹカスタマーサクセスを担当する加藤が支援し、進めました。業務そのものの理解、関連する手続きや申請書類の流れ、また、実際に利用する教員のニーズ、そして杉田さんら学術研究支援部の業務負担低減など、各部署の実情だけでなく、全体を見据えた大学の取り組みにカスタマーサクセスが伴走することで、ＤＸの取り組みを行ってきた様子が分かります。

□ 見えてきた、定量的な効果による労働時間削減

近畿大学の学術研究支援部で設定していたＫＯＢＵＹで目指す指標は、研究費の執行の3割を占める立替精算の削減でした。その数１５００件以上、Ａｍａｚｏｎだけでも年間６４５件に上り、ＫＯＢＵＹ経由への切り替えを拡大させていくことを目指しています。まだ年度を通した運用の途中であるため、結果はこれからとなりますが、着実に立替は減っているといいます。

同時に、業務に当たる担当者として、労働効率性の向上を実感していると言います。

「ＫＯＢＵＹ以前のＡｍａｚｏｎ利用は、全て立替精算での利用でした。そのため、毎回立替払い理由書が出てくる状況でした。不備があれば、その都度、追記や問い合わせが発生して、その対応で時間がなくなっていき、業務負担が大きくなっていました。

また、これまで、サプライヤーごとに送られてくる書類のフォーマットが異なっており、チェックすべきところがバラバラでした。ＫＯＢＵＹでは、見積書・納品書・請求書などのフォーマットが統一され、見るべき箇所が同じであることから、それだけでも作業効率が上がります。特に、年に数回しか利用されないサプライヤーからの書類も、同じフォーマットになっている点はありがたいです」（杉田氏）

また、今後のさらなる業務効率化、自動化を行う上で、フォーマットが同じである点は重要だと、杉田さんは指摘します。

「これまで、研究費を支出する教員は、近畿大学の学内システムに購入する品物名などの必要な情報を手入力し、材料用品なのか、新聞図書なのか、購入する種別も入力しなければなりませんでした。それを職員がチェックする仕組みです。しかしKOBUY導入で書類のフォーマットが揃うことから、ダウンロードした書類を自動で入力するシステムを用意し、教員の入力の手間を削減することができました。KOBUY経由の書類のフォーマットが揃っていたからこその自動化です」（杉田氏）

□ 重要となるサプライヤーネットワークとシステム連携

今回、近畿大学において、研究費の立替精算を減らすことを目標に、KOBUYの導入が行われました。ニーズが高いサプライヤーであるAmazonで購入する際の業務負担軽減は実現されつつあります。しかし、Amazon対応だけでは十分ではないとも杉田さんは指摘します。

「サプライヤーがKOBUYに対応しなければ、結局、手入力の回数が増えてしまいます。その数が多ければ、別の調達システムも用意しなければなりません。Amazon対応は重要でしたが、Amazon対応だけでは完全な教職員の業務負担軽減になりません。その点、KOBUYは、地元の文具店や長年取引のある業者など、幅広いサプライヤーの参画も熱心に支援して下さいました」
(杉田氏)

「KOBUYは調達システム」と位置付ける杉田さんは、調達システムの導入だけでも、やはり業務負担の軽減につながらないと言います。

「我々の業務全体から言えば、調達システムを通じて物を買うだけではなく、研究費の残高管理をする必要があり、納品の確認をしてから請求書の支払をしなければなりません。調達システムが未導入の場合、人の手で誰かが入力する場合は、どこかで必ず間違いが生じるため、チェックが必要になります。調達システムが導入された上で、研究費を管理するシステムと繋がり、データ連携できていれば、入力ミスはなくなり、確認作業における負担は大きく軽減されます。

調達をKOBUYに集約することで、予算管理・財務管理のシステムとの連動が進み、作業負担を減らし、ミスもなくしていくことができるのではないでしょうか」（杉田氏）

□ KOBUY導入後も続く、業務改善への強い意欲

KOBUY導入を機に、調達だけでなく、予算管理から支払までの業務軽減を目論む近畿大学。現在教員の75%がKOBUYを使いたいとの意向で、今後9割を目指していきたいと考えているともいいます。近畿大学では、2025年4月から配分研究費にもKOBUYの導入が予定され、機能面では薬品管理システムとの連携を検討しています。こうした課題は、他大学も同様に抱えているため、近畿大学のさらなる

ＤＸ化の進展に、今後も期待が高まります。

近畿大学――熱量を持って伴走することで、ＤＸ目標を達成する「実学教育」と「人格の陶冶」を建学の精神とし、「人に愛され、信頼され、尊敬される」人づくりを教育の目的として、１９２５（大正14）年創立の大阪専門学校と、１９４３（昭和18）年創立の大阪理工科大学を母体として、１９４９（昭和24）年に設立された総合大学。https://www.kindai.ac.jp/

第10章

事例：ショップにしもと
OA機器・ステーショナリーショップ
デジタル化の軌跡

□ 近畿大学から依頼された、地元文具店のKOBUY対応

近畿大学は、ペーパーレス化や労働時間削減といったDXの目標を持ちながら、多様な大学の研究領域をカバーするサプライヤーを揃え、大学の競争力の源泉と位置付ける「研究機動力」を高めることで、大学の価値創造を推進しようとしています。

そうした発展を目指す大学の物品調達のプラットフォームとしてKOBUYが選ばれ、カスタマーサクセス担当の加藤昌孝が熱量高く伴走を続けています。

そうした中、アナログサプライヤーのデジタル化によって、KOBUY上で取引を継続したいという依頼が近畿大学から入ってきました。本章と次章では、近畿大学のサプライヤーである、「ショップにしもと」と「木村文具」の2つの事例を紹介しながら、アナログサプライヤーのデジタル転換と、そのための伴走について解説していきます。

□ アナログ取引だったお店の参画

近畿大学からKOBUYへの参画を要請された、取引量の多いアナログサプライヤーに、「ショップにしもと」があります。

ショップにしもとは、近鉄長瀬駅から近畿大学東大阪キャンパスに続く商店街に店を構える、OA機器やステーショナリーを扱う販売店です。

大学のDX推進に伴い、それまでファクス中心だった受注から、KOBUYを通じたプラットフォームでの受注へと転換を進めなくてはならなくなりました。

□ 万年筆専門店として出発した大学街の老舗文具店

ショップにしもとは、創業昭和25年。もともとは万年筆の専門店である「西本万年筆営業所」として発足しました。大学がある街として、入学や卒業の祝いに、万年筆は非常に売れたそうです。その後、昭和48年に「ショップにしもと」という屋号に変えてもなお、大学と共に成長してきたと、ショップにしもとの代表、西本盛一氏は振り返ります。

「大学とは昭和25〜26年に取引を始めたと聞いています。先生方や理事の方とのつながりから商売が今につながっています。屋号を変えたのはちょうど私自身が近畿大学に入学した昭和48年。卒業後はリコーに勤め、ショップにしもとの跡を継ぎました」（西本氏）

西本氏が跡を継いだ当時の取引は、研究室に出向いて希望を聞き、6枚複写される専用伝票に商品と数量、価格を書いて、商品をお届けするという仕事の流れでした。

「当時は、購入の最終決裁まで先生だけで行えていたのです。苦労したのは支払を受けるところで、商品を先生にお届けするときに捺印をもらい、その伝票を大学の用度課（大学における調達部門）に提出しなければなりませんでした」（西本氏）

変化し複雑になる取引と薄れる教員との関係

これまで、教員が決裁してきた物品の調達でしたが、これが20年前に変化しました。

「もともとは発注から納品まで、先生だけで完結する取引でした。これが変更になり、先生が大学の用度課に申請を上げて、本部からショップにしもとのようなサプライヤーに見積を依頼する、という方式に変わっていきました。

その頃から、先生とのつながる機会が少なくなっていったと感じていました。見積依頼は、1日にファクスやメールで何通も届きます。受注できれば納品に行き、そこでやっと先生にお会いできます。しかし受注できなければ、その後の連絡も何も返ってきません」(西本氏)

西本さんは、先生とのコミュニケーションのチャンスが大幅に減ってしまったことに加えて、もう一つの懸念点がありました。それは、見積を出してから、正式に発注を受けるまでのサイクルに、非常に時間がかかるようになってしまった点でした。

「見積を出してから、正式な発注を頂くまでに、少なくとも1週間から2週間かかっていました。その間、大学の事務の方では、相見積をとって精査し、発注を出すというプロセスを経ていたからだと思います」(西本氏)

文科省の法令厳格化や社会的な要請等により、大学にとっては、コンプライアンス強化や資金の不正利用防止への取り組みが急務でした。

これらを実現する新しい仕組みにすることで、ショップにしもとをはじめとする大学のサプライヤーは、手間と時間が大幅にかかるようになり、顧客である教員へ向けたサービスが低下してきていました。

「頭が真っ白になった」

ショップにしもとは、20年間、大学の調達部門からのメールとファクスによる見積りから始まる取引を経験してきました。そこにさらなる変化が訪れます。２０２１年から、近畿大学はＤＸ推進に乗り出し、その過程の中でＫＯＢＵＹプラットフォームの導入が決まりました。

そこで、取引量が多いショップにしもとも、厳選されたサプライヤーとして、ＫＯＢＵＹプラットフォームでの取引へ参画が求められたのです。その時のことを、西本さんは次のように振り返ります。

――「大学から声を掛けられて説明会に参加しました。そこで『ＫＯＢＵＹ』というサービスを導入すると告げられました。第一印象は、頭が真っ白になった、ということでした。一体、これから何が起きるのだろう?という不安が一番強かったですね。全くゼロからのスタートで、何を質問すれば良いかも分からない。そんな状態でした」(西本氏)

業務のデジタル化によって、KOBUYに参画する。何をどうすればよいか見当もつかないという状態ではありましたが、それでも西本さんは、KOBUYへの参画を決断します。

「私自身、親の代から大学とお付き合いしているので、付いていこう、と思いました。ここの仕事において、やれるだけのことをやろうと。

近畿大学は今や日本有数の大学になっています。私も卒業生ですし、これまで大学ともつながりがある。一緒に新しいことに取り組んで、私たちも成長したい。そんなチャンスが来たのかなと思い、KOBUYに参加することを決断しました」(西本氏)

すぐに電話してKOBUYをマスター

KOBUYへの参画を決めた西本さん。しかしシステムによる受注には不慣れで、操作に当初は戸惑いがあったと言います。しかし、今では「結構マスターしている」と、デジタル化した業務に自信を持って取り組んでいます。

どのようにして、KOBUYをマスターするに至ったのでしょうか。

「私自身、分からないとすぐに聞くタイプなので、サポートしてくださる方に電話をして教えて頂いていました。上手くいかないときは心配になりますが、電話してサポートしていただくことで、解決していきました。

こうした対応をしていただけたおかげで、不安感はなくなりました」（西本氏）

KOBUYカスタマーサクセスの加藤は、近畿大学へのKOBUY導入を通じた物品調達のDX推進のプランニングも手掛けてきました。その中で、近畿大学と取引の

あるサプライヤーが業務のデジタル化をしなければ、近畿大学自体のDXが進まなくなる、という側面をよく理解していました。

そこで加藤は、サプライヤーとしての、ショップにしもとのKOBUY参画を支援し、業務をKOBUY上で行えるように業務のデジタル化を推し進めてきたのです。

□早くて驚かれる、スピード感ある納品に定評

KOBUYへの参画と業務のデジタル化によって、ショップにしもとには、どのような変化が訪れたのでしょうか。


「従来は、依頼された商品の見積を出して正式に発注いただくまで、1〜2週間かかっていました。今思うと、非常に時間がかかっていたのです。現在は、すぐに発注が届くようになりました。この変化が大きいです。

そのため、商品によっては在庫しているものもあり、そうしたものであれば、翌日には納品できます。手元に在庫がなくても、メーカーに発注すれば、遅く

とも翌々日には入ってきますから、先生が申請してから納品までのスピードが、飛躍的に高まりました」（西本氏）

申請から納品までのスピードとスムーズさについては、教員だけでなく、職員からも、良い反応がもらえているといいます。お待たせしないでご要望に応えることができるようになり、KOBUY導入によって、ショップにしもとを利用する教職員の満足度が上がりました。

大学のDX化と合わせる形で行われた、ショップにしもとのKOBUY参画によって、西本さんが提供できるようになった顧客価値でした。

□時短によって、販売拡大のための試行錯誤の時間を創出

KOBUY参画によって、他のECサイトにはない価値を発揮するようになったショップにしもと。書類に捺印をしてもらうこともなくなり、取引はペーパーレス化され、受注してからの業務も全てKOBUYの上で完結するようになりました。

ＫＯＢＵＹへの対応による業務のデジタル化で、事務処理から解放され、販売拡大に向けた取り組みのための「時間」も創出されました。

「取引がスムーズに行くということは、システムがうまく動いているということだと思っています。今まで受注まで見積から2週間かかっていたのは、やはり時間のロスでしたから。そのロスがなくなったことで、いろいろなことに目を向けられるようになった、と思います。

いろいろな販売事業者の中で商売をしていますから、どうすれば私たちの商品をより多く見て頂き、ご発注いただくか。そう見えるデータをどのように作れば良いかという部分で、今、試行錯誤をして取り組んでいます」（西本氏）

ＫＯＢＵＹでの取引に移行し、これまでの「ロスとなっていた時間」から解放されることで、魅力的に見えるデータ作りへの取り組みで販売拡大施策に乗り出した西本さん。「今後のＫＯＢＵＹでのビジネスに、期待感しかない」と明るい展望を語ります。ＫＯＢＵＹとのチームワークも良好で、内部カタログデータの見直しを毎年行い、

ＫＯＢＵＹ上での商品アピールに取り組むなど、前向きに変化を楽しんでいます。

近畿大学のＤＸ推進のためにＫＯＢＵＹが導入されましたが、サプライヤーで取引先となるショップにしもとの業務のデジタル化、さらには販売拡大のために考える時間も提供していました。

ＫＯＢＵＹ参画を機に、デジタル化を含む業務改善に加え、新たな取引先の開拓や販売拡大施策に取り組めることが、「ＫＯＢＵＹのサプライヤー参画の効果」として表れています。

ショップにしもと――大学街に根差したＯＡ機器販売店ステーショナリーショップのサプライヤーのデジタル化の軌跡
１９５０（昭和25）年創業。もともとは万年筆の専門店「西本万年筆営業所」として発足し、１９７３（昭和48）年に現在の「ショップにしもと」という屋号となる。時代とともにニーズを捉え、万年筆から文具・事務用品、ＯＡ機器も取り扱うステーショナリーショップへと発展。

第11章

事例：木村文具

街の文具店のデジタル化伴走で、近畿大学との取引継続へ

□ 大学と共に歩んできた、歴史ある文具・事務用品店

「木村文具」は、近畿大学東大阪キャンパスにほど近い、駅に続く商店街に店を構える文房具・事務用品の販売店です。いわゆる「街の文具屋」として学生や地域の人々に長年親しまれていることに加えて、近畿大学のサプライヤーとしても長年、大学と取引がありました。

そのため、近畿大学のＤＸ推進に伴い、ＫＯＢＵＹ導入が決まった時に取引量の多

い地元の文具店もまた、デジタル化を進めてＫＯＢＵＹへ参画することが必要となりました。

木村文具の創業は１９４３（昭和18）年。大学の教職員や学生に、文房具や事務用品を販売する「おなじみのお店」として80年以上親しまれています。ご自身も近畿大学卒業生だという福田能之氏は、木村文具の代表を35年間務めています。大学との取引は次のようなものでした。

「大学との取引は、私が代表を務める前から、６枚綴りの伝票に手書きで書くかたちで行われていました。大学の先生のところに行って、顔と顔を合わせて、ご要望を伺って、その場で伝票を書く、という形で注文を取っていました。先生が必要なものの中には、結構特殊なもの、中には私のところでは扱っていない商品もあって、いろいろな手立てでご用意をして、できる限りご要望にお応えするよう、努めてきました。

ご用意した商品は先生のところに直接お届けしていました。商売というよりは、やはり人と人のお付き合い。そうした頑張りと長い付き合いを通じて、先

生方との信頼関係を築けたのだと思います」（福田氏）

できる限りのご要望にお応えすること、できるだけ早く納品すること、納得のいく価格でお出しすることなど、顔と顔を合わせたビジネスが、木村文具と大学の先生方との信頼関係を築く秘訣だったと福田さんは振り返ります。

□変化する取引と時代の流れの中で

そんな木村文具と近畿大学との取引も、時代によって変化がありました。多くの大学との取引で起きることですが、大学内の取引ルールが変更されたり、国の研究費運用ルールが厳格化されたりすると、その変更への対応が必要になります。サプライヤーは常に大学のルールに合わせて変化していかなければならないからです。

木村文具にとっても、近畿大学との取引には変化がつきものでした。その中でも大きかった変化の一つは、これまで長らく行われてきた「顔を合わせて、ご要望を伺い、その場で伝票を書く」という木村文具の受注のスタイルが変わってしまったことでした。

取引の順番と方法がまるっきり変わってしまった、と福田さんは振り返ります。

「最初は手書き伝票での受注でスタートしましたが、20年ほど前に、注文の方法は対面からファクスによる発注へと変化しました。さらに、10年ほど前からは、大学は相見積を取らなければ発注ができなくなりました。

発注形態がこれまでの対面の形からファクス・メールとなり、コミュニケーションよりも価格・納期が重視されるようになっていったのです。対面でのコミュニケーションは納品時に限られ、店舗運営方針の変換を余儀なくされました」（福田氏）

この変化によって、発注を受けてすぐに商品を直接納品する木村文具の良さは発揮しにくくなります。相見積を取ってから進められるため、学内での検討などの手続きで2～3週間の時間がかかってしまうようになったからです。

さらに、変化は続きます。

「受注する前に見積をファクスで出さなければならないため、どうしても価格を下げる競争になりがちでした。さらには、検収制度も出来て、発注した先生に商品をお持ちする前に、検収室で商品をチェックしてもらうことになりました」（福田氏）

□ KOBUY導入には否定的だった

手書きの伝票から始まり、20年前にファクスでの発注方式へ、そして10年前からは相見積の導入。方法が変わりながらも、デジタルではなくアナログな方法での取引が続いていた木村文具。ここで、近畿大学からDX推進のために、ＫＯＢＵＹプラットフォーム導入の話が舞い込みます。

近畿大学は、学内の購買、調達業務をＤＸ化するため、取引を全てＫＯＢＵＹで実現しようとしました。ＫＯＢＵＹプラットフォームへの参画企業は、申請件数重視で厳選したため、木村文具にもＫＯＢＵＹへの参画依頼がありました。

木村文具は、それまで大学との取引をIT化しておらず、ファクスによる取引を行ってきました。その取引をIT化しなければ近畿大学との取引が円滑に続けられないという局面に立たされたのです。

IT化の実現という「ハードル」もありましたが、福田さんはそれ以外にも、ビジネス上の懸念から、KOBUY導入には当初、否定的でした。

「システムでの発注に切り替わると聞いて、誰が先生方のお手元まで商品をお届けするのか？これが一番初めに引っかかったところでした。他のオンラインショップと同じように、大学の郵便配送センターにしか持っていけないなら、私どもの商売としては、難しいところでした。

お顔が見えない、だから安いところに流れてしまう。商品に関して、コミュニケーションが取れず、先生方が実際にその商品を役立てるところまでお手伝いができない。であれば、何のために私たちの商売があるのか。そう考えて、初めは否定的な考え方でした」（福田氏）

しかし、福田さんは悩んだ末、最終的にはＫＯＢＵＹ参画を決断しました。

「近畿大学は、先進的なシステムや運用をどんどん先駆的に取り入れていく大学。そして世の中の流れを見ているとＩＴ化せざるを得ません。近畿大学との取引を続けるためには、何でもかんでも否定していても、致し方ない話です」

（福田氏）

□しっかりしたＫＯＢＵＹの導入・運用サポートに安心

近畿大学との取引を続ける上で、ＩＴ化を成功させることが必要だと考え、ＫＯＢＵＹ導入を決断した木村文具の福田氏。ＫＯＢＵＹカスタマーサクセスの加藤昌孝は、近畿大学のＫＯＢＵＹ導入による物品調達に関わるＤＸ推進へ向けた取り組みの中で、木村文具のＩＴ化を強く支援してきました。

加藤のサポートによって、これまでの木村文具におけるファクスを中心としたアナログな取引をＩＴ化していきました。

「木村文具のKOBUY参画については、サポートができているから安心して取り組んでいます。デジタルは苦手なので、システムを使いこなす力量が自分にはなかった。これだけサポートしてもらえるから、やってもよいなという気持ちになりましたし、実際に使えていると思います」（福田氏）

木村文具がこだわる対面での取引についても、加藤は大学との調整会議を繰り返します。

その結果、既存取引先が教員に直接納品できる運用を維持したまま、KOBUY導入のメリットを最大限に生かすことができる、発注から納品までの流れを作り上げることができました。教員と「直接コミュニケーションを取る」という木村文具の最大の強みを継続して発揮できるようにしたのです。

「システムは優れているかもしれませんが、技術者は机上のプランのことしか見ておらず、現場を踏んでいる人は少ないと思います。そのため、現場の動きを知ってサポートしてくださる加藤さんらがしっかりと頑張って下さり、『ああ、こんな手があったのか』というやり方が見つかり、実現できました」（福田氏）

ＫＯＢＵＹの仕組みや使い方、受けた発注の処理の方法、通常と異なる発注の処理の疑問、これらをカスタマーサクセスの加藤が、十分なサポートを行うことで一つずつ解決していきました。このサポートのおかげで、福田さんはＫＯＢＵＹを通じた近畿大学との取引に、安心して取り組めるようになり、木村文具はそれまで踏み出すことができなかったＩＴ化を実現することができたのです。

□ＫＯＢＵＹによって再評価された木村文具の「スピードという価値」

近畿大学のＫＯＢＵＹ導入を機に、アナログな受発注を刷新し、デジタル化を実現した木村文具。ＫＯＢＵＹ経由の取引において、木村文具らしさが先生方からも評価されているそうです。

「システムでの発注で一番問題となるのは、物流です。納品までのスピードは、特に私たちが重視している部分でした。

学校で決裁が下りるまで2～3週間かかるのが当たり前だったところが、KOBUYに切り替わってからは、納品まで最短で翌日にまで縮まりました。『すごく早いね』と言っていただけて、評価していただいています。

先生方は研究や教育が本分ですので、必要なものがすぐ来ないと困るわけですから」（福田氏）

大学の予算執行の厳格化により、物品申請から発注までに数週間の時間がかかっていた問題が、KOBUYにより解決。そして木村文具は、IT化により、以前提供できていた「迅速な納品」という価値を、再び取り戻すことができました。

長年アナログでのビジネスを続けてきた木村文具は取引先である大学のDX推進の過程でIT化を果たし、KOBUYプラットフォームを通じて近畿大学との取引を充実させています。

KOBUYによって削減された時間は、木村文具ならではの強みだったスピードをより強化し、今日も先生方の研究や教育活動を支えているのです。

木村文具――街の文具店のデジタル化伴走で、近畿大学との取引の継続へ
１９４３（昭和18）年創業。代表の福田能之氏は近畿大学出身。近大通りに店を構え、大学から徒歩４分の位置にある。大学の教職員や学生・地域の人向けに文房具・事務用品を販売し、80年以上にわたり「おなじみのお店」として親しまれている老舗文具店。

第12章

事例：常翔学園

ＤＸによる業務効率化で、教育機関が注力すべき「教育の質」向上のための時間創出

□学園全体の教職員約1800人、約20カ所に分かれる会計部署での購買改革

学校法人常翔学園は1922年に創立された、100年を超える歴史と実績を持つ、大阪に本部を置く教育機関です。

商業の都であった大阪において、将来、工業技術者が必要な時代が来ると慧眼を持った先達によって創立され、現在、大阪工業大学・摂南大学・広島国際大学、常翔学園中学校・高等学校、常翔啓光学園中学校・高等学校の5つの学校を有していま

す。そのうち3つの各大学は2、3のキャンパスに分かれており、それぞれに学部が置かれています。

物品調達を行う教職員は学園全体で約1800人にも上り、会計部門は約20カ所にも分かれています。

そのため、物品購入のルールを一度決めると、その変更には極めて大きなコストがかかります。会計部門への周知はもちろんのこと、各会計部門が担当する教員への浸透にも時間と労力が必要だからです。

常翔学園で物品調達のシステム導入を担当しているのは法人本部施設部施設課です。KOBUY導入以前から、課長の岡田弘文氏、係長の澤井浩子氏(当時)は、物品調達に対する教員からの不満や改善の声を聞くことがあり、会計部門での手続きの負担解消が課題だと感じていました。

「教員からは、購買業務に時間がかかる、という指摘を受けていました。その改善のために、何らかの方法で、時間がかかっている手続きや業務フローの大幅な削減を考えなければなりませんでした。業務フローの削減だけでなく、よ

り効率的な調達が行えるようにするために学内規定の整理などにも着手する必要がありました」（岡田氏）

「元々の発注のフローは次の通りです。

教員は、希望する物品を商品カタログの写しなどとともに学科事務室に申請します。その申請が会計部門に渡り、見積を取って発注します。物品が届くまで最低でも1〜2週間かかり、長い場合は3週間もの時間を要していました」（澤井氏）

常翔学園でのKOBUY導入以前の物品購入フローは次の通りでした。

1. 教員が物品購入の申請を学科事務室に提出
2. 書類の不備などの確認を行い、足りない場合は教員に確認
3. 学科事務室が会計部署に申請
4. 会計部署が申請に沿って、規定に基づき3社から見積を取る
5. サプライヤーへ発注
6. 学科事務室に物品が到着、検査主任の検収

7．教員に物品を渡し、中身を確認、受領印をもらう

これは学校が教員に割り当てるいわゆる「校費」と言われる費用の場合です。国の研究予算も同様で、見積書は競争見積（複数社から見積を取る相見積）が必要となり、買った商品の証憑（証明するための書類）も残さなければなりません。

澤井氏は現場の業務フローについて、次のように苦労を語ります。

「厳密な予算執行と管理を通じて、間違いやミス、不正利用が起きない環境を実現しました。しかし3社見積や年間単価見積といった膨大な事務手続きは、会計部署の大きな負担になっていました」（澤井氏）

では、実際の現場の教員は、ＫＯＢＵＹ導入前の状況をどのように捉えていたのでしょうか。

□店舗での購入と立替精算も可能だったが、時間はムダに

常翔学園の設置校の一つである大阪工業大学で、ものづくりセンター長を務める工学部機械工学科の教授、牛田俊氏は、ＫＯＢＵＹ導入以前の物品購入について、時間とムダなコストがかかっていた点を指摘します。

「必要なものがあったら、価格を見ながら購入先を検討し、学科事務室に申請するというプロセスです。ほとんどのものが届くまでに3週間かかっていました。

研究計画を立てて調達する物品なら良いのですが、コピー用紙やプリンタのインクといった消耗品、壊れがちなパソコン部品であるキーボードやハードディスクのように、今すぐ必要なものも研究を進める上では出てきます。

そのため、万が一に備えて、研究室に在庫を持つ必要がありますが、その分予算が余計にかかりますし、そもそも日々性能が進化し価格が下がるモノは、

本来はストックしておくべきではないはずです」（牛田氏）

それでも、発注からの時間がかかるためと諦めていた牛田氏。ただ、予算や研究費の厳格な管理・運用という点で、必要なチェックを行わなくてはいけない点は理解していたといいます。

では、急ぎで必要となる状況や、商品選定がカタログ上では難しい物品の場合は、どうしていたのでしょうか。

「機械工学科で利用する物品として、例えばロボットの部品といったハードウェアと、これを制御するソフトウェアがあります。ハードウェアであるパーツは、東京であれば秋葉原、大阪であれば日本橋に取り扱っている店舗が集まっており、そこまで行けば、実際に目で見て購入し、持ち帰ることができるため3週間という時間を待たずに済みます。ただし、大学から大阪・日本橋まで片道40分という移動時間がかかってしまうため、何度も足を運ばなければならない時には、その手間と時間が負担になっていました」（牛田氏）

そのほかにも、ECサイトを活用した立替精算という方法もあります。ただ個人でECサイトを手軽に使う場合と異なり、申請や精算の手続きが必要となるため、必ずしもECサイト本来の感覚で買い物ができるわけではありませんでした。

□ KOBUYとの出合いと導入に向けて

発注する側、手続きをする側の双方で、「時間がかかる」という共通認識があり、これを改善したいと考えていた常翔学園。KOBUYとの出合いは紹介だった、と同学園の施設部施設課の課長、岡田弘文氏は振り返ります。

特に、学園での物品購入との比較対象とされていたのが、ECサイト大手Amazonでの購入体験との比較でした。

Amazonは一般的な商品から専門的な商品まで、さまざまなジャンルの物品を取り揃えており、いずれも安い価格が提示されていて、通常、翌日には手元に届きます。価格が高いものであればあるほど、値引き幅も大きくなることや、Amazonでの販売価格はオンラインですぐに調べることができるため、教員からは「予算に限りがあるので、できるだけ安い価格でなければ困る」という価格面での要望も上がるようになっていたのです。

ＫＯＢＵＹ導入後の物品調達のための業務フローの大幅な削減と、教員の購買業務に対する時間短縮という効果を見込めるとして、常翔学園はＫＯＢＵＹの導入を決めました。

導入の過程で最も苦労した点について、施設部施設課の係長、澤井浩子氏は次のように振り返ります。

「常翔学園は、3つの大学、2つの中学校・高等学校、学園本部と6つの組織に分かれています。さらに、大学はキャンパスが複数に分かれており、KOBUYを導入するに当たり、部署ごとに割り振る任意コードの調整のため、約20カ所に分かれる会計部門間での相談を行う必要がありました。

また実際にKOBUYを利用する発注者となる教員に対しても、各キャンパスの会計部署を通じて説明を行い、理解を深めてもらう必要がありました」（澤

――井氏）

ここで積極的に動いたのが、KOBUYのカスタマーサクセス担当者でした。会計部署間の調整に加え、カスタマーサクセス担当者が会計部署向けに説明会を複数回開催。導入後の業務の効率化についての詳細な理解を促すことができました。

また、KOBUYで物品を購入する教職員向けにも3回にわたって説明会を行い、KOBUYを活用した物品調達の効率化に、理解を深めてもらう役割を担いました。

ここで、一つ問題となったのが、立替精算での活用が進んでいたAmazonのアカウントです。

Amazonのアカウント作成にはメールアドレスが必要となり、Amazonビジネスのアカウントを設定する場合、通常は職場のメールアドレスをアカウントとして利用します。

ところが、KOBUY導入によってアマゾンに対応する以前から、大学のメールアドレスを使って、Amazonアカウントを作成していた人が多くいたのです。

そのため手続きが複雑になります。その理由は、以下の通りです。大学での物品調達のために使うＡｍａｚｏｎアカウントは、普段個人で利用するためのアカウントと分ける必要があります。

一部の教員は、個人のメールアドレスで個人のＡｍａｚｏｎアカウントを作り、大学のメールアドレスで大学の立替精算用のＡｍａｚｏｎアカウントを作成し、分けて運用していました。その場合は、立替精算用のアカウントをＫＯＢＵＹと紐づけるだけで問題解決となります。

しかし、大学のメールアドレスで個人用にも立替精算にも利用するＡｍａｚｏｎアカウントを作っていた場合、そのままＫＯＢＵＹに移行してしまうと、個人用のＡｍａｚｏｎでの購入と研究・教育のために購入したものが混ざった状態になってしまいます。

そのため、メールアドレスを変更した上で、大学向けのアカウントを作り直す、といった手続きが必要になるのです。

ただし、その手続きの方法は、Ａｍａｚｏｎを立替精算で利用している教員にも、施設部施設課にもどのように進めてよいかが分かりませんでした。

そこでＫＯＢＵＹのカスタマーサクセス担当者は、Ａｍａｚｏｎのアカウント管理について、Amazonの担当者に連絡を取り、施設課、教職員に対して、アカウント移行に関する説明会を開催してもらうことで、問題を解決しました。

□発注から納品まで、最短当日まで短縮した納期

KOBUY導入後は、申請業務、納品までの時間など、物品調達で抱えていた課題の解決にさまざまな効果を発揮しました。

教員からは、「納期が早まった、立替精算の必要がなくなった」と評価の声が届くようになりました。

教員は、KOBUYの画面から直接発注ができるため、事務職員への購入依頼をする必要がなくなり、価格もその場で分かるため、予算計画が立てやすくなります。加えて、早ければ当日に届く商品もあり、最大3週間だった納期が最短で1日に短縮される、非常に大きな時間の圧縮効果を生んでいます」（岡田氏）

教員からはその利便性とスピードから高い評価を受けることができるようになりました。一方の発注を受け付ける事務職員にとってのメリットもまた、非常に大きなものでした。

「事務職員の側でも、購入依頼を受けることがなくなり、非常に大きな業務改善になりました。以前は見積省略の上限が5万円でしたが、KOBUY導入に合わせて、教員の利便性の確保、事務職員の業務時間削減、効率化のため、上限金額の引き上げを学内で協議し、金額の変更も行いました。

これらによって、学科事務室の職員は連絡確認業務が、会計部署の職員は見積・発注業務が大幅に軽減され、時間の使い方が大きく変わるという成果を得ることができました」（澤井氏）

□ 教員と学生の研究のための時間創出

発注する教員側である牛田氏もまた、KOBUYでの物品購入の効率化と納品までの時間短縮を実感していました。KOBUY導入検討時は学科長を務め、学科の事務処理の改善にも携わっていたため、その効果の実感はより大きかったと振り返ります。

「システムを変更することで、取り扱いがガラリと変わりましたが、KOBUYのカスタマーサクセス担当者によるサポートが非常に良かったため、初めから効果を発揮していたと思います。

学科長である私は、システムの変更などを事務職員と協議し、学科の教員に説明する立場でした。当初は「面倒だ」との声も出ていましたが、事務手続き上で困ったことを、カスタマーサクセス担当者が次々に解決し、改良されていくイメージで、導入から2年が過ぎてかなりうまくいっている、スムーズに導入されたと考えています」（牛田氏）

また、学生たちも普段その操作に慣れているAmazonやモノタロウといったオンラインECサイトで検索した商品を教員を通じて発注できるようになることで、数日以内に届くようになりました。

物品調達の際の商品選定がよりスムーズになり、また納品も早くなったため、研究を進める上での待ち時間が大幅に短縮されたのです。

牛田氏は、教員も学生も、KOBUY導入後、明らかに「研究のための時間」が創出できたと評価しています。

「KOBUY導入後、我々教員の事務作業の負担は大幅に減っているので、KOBUYへの移行はそれだけでも成功だったと考えています。今まで作成していた紙の伝票が不要になり、事務作業が減るということは、新たに使える時間が確保できるということです。

我々大学教員が優先すべき仕事は、研究と教育です。併せて、私には大学を運営するための学科長やものづくりセンター長の仕事もあります。この辺りの事務負担が軽減された結果、使える時間は着実に増えました。

より頻繁に、学生の研究やプロジェクトの進捗を確認するために、ものづくりセンターに足を運べるようになり、学生の指導の時間を創出することができています。また調達までの時間を短縮できることは、調達力の向上に繋がり、これは研究の効率性を高めてくれています。

大阪工業大学が強みを持っている活動の一つに、ものづくりセンターを拠点に活動し各種ロボットコンテスト、鳥人間コンテストなどに参加するモノラボプロジェクト（人力飛行機、ロボット、学生フォーミュラ、ソーラーカー）があります。これらを進めるには、膨大な部品や物品が必要となり、調達力向上は競争力を高める上で不可欠だったのです」（牛田氏）

牛田氏は、ＫＯＢＵＹはプロジェクトで活躍する学生と、指導する教員、支える事務員にとって役立つシステムになっている、と評価します。

□学園のニーズに応えたサプライヤーネットワークの構築が続く

常翔学園におけるＫＯＢＵＹ導入は、当初、アスクル、モノタロウ、Ａｍａｚｏｎなどの7つのサプライヤーからスタートしました。

導入後も、ＫＯＢＵＹ営業担当者の土屋壮史が、教職員に定期的に話を伺う機会を設けて、学園の中でニーズのあるサプライヤーを発見して、ＫＯＢＵＹ参画の働き掛けを行っています。

次章でご紹介する共立電子産業もまた、教員のニーズからＫＯＢＵＹを導入し、常翔学園のサプライヤーネットワークに参画したサプライヤーの一つでした。

共立電子産業は、牛田氏も利用する大阪・日本橋にある電子部品などを扱う店舗を構えており、ＫＯＢＵＹでの物品購入に対応すれば、店舗に移動する時間や立替精算の手間なく、素早く必要な部品を手に入れることができるようになります。

大阪工業大学ロボティクス&デザイン工学部ロボット工学科の教授、野田哲男氏が「学生の研究・演習向けに、多種多様で単価も安く、少量の購入もできる電気電子・機械部品の会社を入れたい」として、そうしたサプライヤーの参画を模索した経緯がありました。

このように教員のニーズからＫＯＢＵＹで利用したいサプライヤーを見つけ出し、ＫＯＢＵＹの営業担当者が交渉をして、ＫＯＢＵＹに参画してもらう活動が続いています。

当初7つだったサプライヤーは、2年半で23にまで増加し、より多くの購買業務がKOBUY上で完結する体制を作り続けています。

また、サプライヤーとの間で発生した問題への対処は、営業担当者が担っています。バイヤーである常翔学園とサプライヤー企業との間にKOBUYが入り、想定外の不具合の解決に取り組みます。

本来は、施設課が対処に当たらなければならないところだったと岡田氏は述懐していましたが、KOBUYの営業担当者は、快適かつ効率的にKOBUYを利用できる環境に向けて、常に学園に伴走し続けています。

□ 常翔学園が考える、KOBUYのKPI

常翔学園のKOBUY導入における目標となる指標は、どのように設定したのでしょうか。岡田氏は次のように話します。

「導入に向けてのゴールは、できるだけシンプルにしたいと考え、全教員、全事務職員へのKOBUYのID配付としました。その面では、すでにIDの配付と登録は完了しており、導入初期のゴールを達成している状態となります。その上で、KOBUYを利用するかどうかは、教員・職員の個々の判断とし、利用の啓蒙と、より利用しやすい魅力的なサプライヤーを揃えていく環境整備が重要だと考えました。

現在のKOBUYは、サプライヤーの数も増え、教員からも「使いやすい」「納品が早い」といった効果を実感する声が届いてきます。利用者数は右肩上がりとなっており、誰でもが使える基盤整備を続けています」（岡田氏）

その利用者数の上昇を支えているのが、サプライヤーネットワークの充実です。常翔学園の設置大学には、さまざまな実験を行う学部・学科があるため、特殊な研究向けの素材や材料、物品の調達も少なくありません。事務用品やコンピュータ用品、電子部品などの物品以外を扱うサプライヤーの拡充を通じて、より多くの教員がKOBUY経由での発注を、必要な時に行えるようにしたいと考えています。

特に、取扱金額が大きく、取り扱いが難しい試薬のサプライヤーが追加されたことは、手続きの適正化や透明化を含め、常翔学園のニーズを叶えることになりました。

□ ＫＯＢＵＹは、残業時間を削減し、研究と教育の質向上のためのＤＸの手段に

ＫＯＢＵＹを導入したことで、常翔学園の教員や事務職員、会計部署の職員からも、時間の使い方が変わったと聞いています。

「教員は学生指導や研究に、事務職員はより重要な仕事に時間を割り当てられるようになりました。働き方改革の手段としてＤＸに取り組んできましたが、その点でＫＯＢＵＹは、大学のＤＸに大きく貢献しています。実際、残業時間はかなり解消されつつあります」（岡田氏）

常翔学園がＤＸの推進に取り組んでいる理由は、教育機関が本来の業務である研究と教育に注力できる体制を作らなければ、社会変化が激しい環境の中で、「選ばれる学校」としての発展を遂げていけなくなってしまうとの危機感からきています。

教育の質、研究の質を向上させ、学習支援策を充実させなければなりません。そうした取り組みを行うためには、時間を作る必要があり、その時間創出にＫＯＢＵＹが貢献しているのです。

常翔学園——ＤＸによる業務効率化で、教育機関が注力すべき「教育の質」向上のための時間創出
１９２２年に創設した関西工学専修学校を発祥とし、３大学、２高校、２中学に学生・生徒約2万6千人が集う総合学園。２０２２年10月に創立１００周年を迎え、２０３７年までの基本構想「J-Vision37」を基に教育・研究の更なる充実を行い「選ばれる学校」を目指している。
https://www.josho.ac.jp/

第13章

事例：共立電子産業

大学のニーズを捉え、2カ月で販売開始、データ活用に活路も

□大阪・日本橋で50年、エレクトロニクス産業を支えた企業

大阪の電気街といえば、日本橋。その日本橋で50年にわたって、エレクトロニクス産業の発展を支えてきた企業が、共立電子産業株式会社です。

同社は、大阪・日本橋に直営店を構えて電子部品の販売を行う「シリコンハウス」、通販サイト「共立エレショップ」、自社ブランドのオリジナル製品を扱う「共立プロダクツ」という3つのブランドがあります。

その中でも特色があるのが、完成品を扱う共立プロダクツで、電子工作キットや組み込みセンサーモジュール、教育向けのロボット、自作オーディオキットなどの自社製品を開発しているブランドとして、Ａｍａｚｏｎやヨドバシカメラといった小売店でも高評価を得ています。特に売れ筋の品は、電波時計の時刻補正装置で、累計２万点を販売した実績があります。

個人のホビーユースから一般企業、研究機関、１００を超える大学など、幅広い顧客層を抱えており、常時３万点以上もの品揃えを誇ります。

そんな共立電子産業もまた、ペーパーレス化と業務効率の改善を目指す企業の一つでした。以前は、取引先や取引量を拡大したいと考えても、紙での手続きが増えることになり、結果として作業が増加してしまうことが課題でした。

特に研究用途の場合、１つの商品の発注量が極めて少ない個数になることも多く、業務効率を高めることができないという悩みも抱えていました。

専務取締役の北田賢太郎氏は、ＫＯＢＵＹ導入を通じて、そうした問題の解決の糸口を見出そうとしました。

□大阪工業大学から、KOBUYへの参画依頼

共立電子産業がKOBUYと出会うきっかけとなったのは、大阪工業大学の野田哲男教授から「共立電子産業の商品をKOBUY経由で購入したい」というリクエストがあったことでした。

その要望を受けて、常翔学園を担当していたKOBUY営業担当の土屋壮史から、KOBUYサプライヤーアライアンス担当の中島俊明へバトンが渡り、共立電子産業を訪ね、KOBUY参画を相談し、大阪工業大学との取引開始を計画するところから始まりました。

北田氏によると、大学との取引はもともとあったといいます。しかしKOBUYのようなプラットフォーム上での取引とは異なる方法を取っていたとのことです。

「もともと、教授が個人で来店されたり、ECサイトで購入されたりするパターンが数多くありました。しかし大学経由での取引となると、事情が異なり

ます。

商品に関するお問い合わせは教授個人から頂くのですが、発注は事務の方からとなり、その際には各大学の取引の方法に合わせなければなりません。大学ごとにシステムが異なっており、受発注の繋ぎ込みを行う仕組みも体制も、共立電子産業には整っていません。

その結果、大学と取引を行う際には、大阪工業大学も同様に、見積書・納品書・請求書の3点セットを、手作業で作成しなければならなかったのです。これが、大学との取引で効率化できない部分でした」（北田氏）

北田氏によると、大学とのこのような手作業が介在する取引を、30年間も続けており、大阪工業大学からの発注に対しても、同様の手続きを取っていたといいます。

加えて、大学との取引でもう一つの問題は、見積書を出しても、必ずしも受注できるわけではないという点です。これには、大学の会計上のルールが関係しています。


「国の予算を用いて物品を購入する場合、大学では最低3社の相見積を取る必要があります。そのため、見積書を出しても、3分の1は受注できない可能性があるのです。加えて、受注を受けるとしても、見積書を提出してから非常に長い時間がかかってしまいます」（北田氏）

共立電子産業の側からみると、学生の実験用の部品などまとまった個数の発注を受け付けることが見込まれ、大学はぜひとも拡大したい取引相手です。しかし書類作成の手間と、受注確度の低さという、2つの解決すべき課題が存在していました。そうした悩みを持っていたところに、KOBUY参画の依頼が入ってきたのです。

□ KOBUY参画は、わずか2カ月のスピード導入を実現

大阪工業大学を通じて紹介されたKOBUY。北田氏は、「話を聞いて、すぐに参画を決めた」と言います。しかも、その導入は驚くほどスムーズなものでした。

「システム導入というと一般的に、社内の仕組みやシステム、仕事の仕方を変

えなければならず、我々がシステムに合わせなければならないことが多いと思います。

しかしＫＯＢＵＹ導入で我々が何かやらなければならない、ということはありませんでした。ＫＯＢＵＹが、我々のビジネスに合わせてくれるため、本当にハードルが低かったのです。競合比較せずに導入を決めました」（北田氏）

共立電子産業は、すでに「共立エレショップ」というＥＣサイトを持ち、ＥＣサイト経由での受発注という社内の仕組みも整っていました。そのため、ＫＯＢＵＹ導入でも、ＥＣサイトでの受注から発送までの業務フローを活用することにしたのです。

驚くべきは導入に取り組み始めてから、完了するまでのスピードでした。

3万点以上もの商品の登録を伴うＫＯＢＵＹシステムへの接続は、膨大な時間がかかるイメージを抱かせ、途方もない作業にも思えます。しかしその導入工程は、ＫＯＢＵＹ側が行い、わずか2カ月で、ＫＯＢＵＹを通じて共立電子産業のシステムでの受注がスタートできるようになったのです。

ＫＯＢＵＹはサプライヤーの導入の際にも、社内の業務フローの詳細な分析を行います。その上で、ＫＯＢＵＹプラットフォームから活用できる部分があれば、システム的なデジタルの要素、社内業務フローのようなアナログの要素の双方を生かし、できるだけ大きな業務変更を伴わない形で、ＫＯＢＵＹへの参画の道筋を立てるのです。

そのため、大阪工業大学がＫＯＢＵＹ上で発注をすると、ＫＯＢＵＹ上で発注書、納品書、請求書などの書類の受け取り、書類作成が完結し、受注データは既存のＥＣショップへと受け渡され、あとはすでに存在しているＥＣショップの業務フローに沿って、商品の発送が行われる仕組みです。

新たな人材や、新たな業務を増やすことなく、大学からの受注をプラットフォーム上でデジタル化することに成功しました。

□ 現場の労働生産性の向上効果と、利益貢献を実感

これまで、アナログ作業が伴って、受注までの時間もかかっていた大学との取引はＫＯＢＵＹに参画してどのように変わったのでしょうか。

「通常、大学との取引では、見積書・納品書・請求書を、大学の書式で作る必要がありました。これは大学によってまちまちで、大学のフォーマットに合わせて用意する必要があります。

また、会計上の消費税の扱いも、内税・外税と、大学によって異なり、これらの作成は全て手作業となっていました。

しかしKOBUY導入後は、KOBUY上で取引先となる大学のフォーマットに合わせて出力することができ、社内でKOBUYから伝票を発行するだけになりました」（北田氏）

もともと、社内のペーパーレス化が進んでいたという共立電子産業。しかし大学との取引の増加によって、ペーパーレス化が進んでいた社内において、例外的に紙が介在する取引が増加してしまうことが懸念されていました。

ＫＯＢＵＹの参画によって、大学との取引で生じていた紙の書類作成という手作業がなくなったため、より積極的に大学との取引を増やしていける、攻めの営業姿勢を取ることができるようになったのです。

しかも相手が間接材購買でKOBUYプラットフォームを導入していれば、共立電子産業は、KOBUY上でサプライヤー参画の登録を行うだけで、新たな企業や大学からKOBUYを通じて取引を開始できるようになったのです。

社内のKOBUY対応についても、円滑に進んでいると北田氏は指摘します。

「経理、財務部門、在庫の引き当ても上手くいっています。またKOBUY経由であれば、大学からは直接発注が入るようになったため、取引の実現確度も上がりました。

やらざるを得なかった業務がなくなることで、現場の労働生産性は上がっていますし、利益にも貢献しています」（北田氏）

KOBUY参画によって、共立電子産業は、労働生産性の向上と、利益への貢献がもたらされるという絶大な効果を実感しました。

□ システム導入と営業拡大に貢献

ＫＯＢＵＹによって大学との取引においてもペーパーレス化を実現し、労働生産性の向上を実感している共立電子産業。今後のＫＯＢＵＹを用いたビジネスの展望が拓けてきたとの実感を語ります。

「ＫＯＢＵＹを導入している他の大学との接続が増えていけば、ビジネスのチャンスも増える、と捉えています。

ＫＯＢＵＹを通じて、大阪工業大学の他に、ＫＯＢＵＹ導入済みの大学２校との取引が新たにスタートしました。

大学がシステム導入をすることで、既存のアナログ中心の取引が減少傾向にあり、ＫＯＢＵＹでの接続は、そうした大学との取引を維持・拡大する上でも重要な役割を果たしています」（北田氏）

ＫＯＢＵＹに参画したからといって、必ず売り上げが上がるわけではありません。サプライヤーも、新しい仕組みに対応し、顧客に寄り添わなければならないのです。さらなる売上拡大、取れていなかった売り上げを取りにいった上で、社内の利益体制を変えていく道筋を立てていくことが必要となります。ＫＯＢＵＹのサプライヤーアライアンスを担当する中島は、共立電子産業の変化への意思に応える形で、伴走を続けています。

また、北田氏は、新たな業種の取引先開拓にも期待を寄せています。

「大学以外の一般企業との接続にも期待しています。

エレクトロニクス関係の企業が取引先の中心でしたが、最近ではＩｏＴやＡＩの活用で、今まで取引がなかった業界の企業に対してもチャンスが広がるのではないか、と期待しています。

特に建築や建設、スマートホーム、環境関連に取り組まれている企業、大企業のイノベーション部門とも取引が広がれば、と考えています」（北田氏）

社内の業務効率の改善、大学からのニーズに応えるといった目的から参画を決めたKOBUYでしたが、共立電子産業にとっては、新たな大学との取引を、業務負担なく拡大させたり、他の業種に対してのアプローチを強化できたりするようになるなど、業務改善で生まれた時間を、新たな営業活動と開拓へと振り向けることで、付加価値を作り出そうとしています。

□ データ活用により、さらに経営改革が進む

KOBUY経由の取引は、ペーパーレス化や営業効率の改善につながるだけではありません。取引データがKOBUYに蓄積されていきます。その活用についても、北田氏は可能性を見出していました。

KOBUYを通じた取引によって、取引先やその業種で需要が大きいモノが何かが分かってきます。そこで、物流や在庫の効率化を推し進められると考えています。

「データの活用は、課題の1つである資本の回転性、効率化の解決につながると考えています。

弊社には現在3万点以上の在庫があり、中には年間数個しか動かない物もあります。また、特に大学向けには、購入いただくことに対して在庫期間が長いものもあります。

今までそうした取引のデータが活用できていませんでしたが、KOBUYによって、売れていくモノは何かといったことに、ある程度、予測ができるようになると期待しています」（北田氏）

取引データの利活用を通じて、適正な在庫量を持ちつつ、顧客への迅速な納品を損なわないサプライチェーンづくりや、新たなトレンドの発見から、自社開発製品の企画に生かしていくなど、KOBUYから得られるデータの活用にも北田氏は目を向け始めています。

非常に短期間でのKOBUY参画を実現し、大学との取引の問題解決を実現した共立電子産業。今後さらなる取引先の開拓や、データ活用による経営効率のアップを見据え、ＫＯＢＵＹプラットフォームの活用をより深めていきたいと考えています。
共立電子産業と大学の双方で、共通のＫＯＢＵＹプラットフォームを利用することで、業務効率化、ペーパーレス化等の効果が加速し、新たな付加価値を創出するための協業の萌芽が見られ始めています。

共立電子産業――大学のニーズを捉え、2カ月で販売開始、データ活用に活路も
1970（昭和45）年創業から半世紀近く、エレクトロニクス、コンピュータの発展と、常にオーバーラップした形で事業を展開。便利で豊かな社会の為に日々成長を続ける、家電、携帯、事務機、文具、玩具、パソコン、車といった製品に欠かす事ができないエレクトロニクスパーツで〞ものづくり〟を支援する企業。https://www.kyohritsu.com/index.html

第14章

事例：ＴＧウェルフェア
取り扱いを増やすことで、売上が増加する、間接材購買企業への導入

□ 親会社の間接材購買を一手に引き受けるＴＧウェルフェア

メーカーは、付加価値の高い製品づくりに注力する一方、それ以外の業務については、子会社などの専門性を活用することで、価値創造の効率性を高める仕組みを採用しています。

豊田合成株式会社は、日本を代表するトヨタ自動車グループに属しており、自動車のセーフティシステム製品や内外装部品等を製造、販売しています。グループ内外の

自動車メーカーとの取引拡大にも盛んに取り組んでいます。

豊田合成の子会社であるTGウェルフェア株式会社は、1982年に設立され、企業向け用度品販売やイベント／福利厚生／事務等の受託事業、加工業務の受託事業を行っている会社です。

同社は障がいを持った社員や女性を含めた社員が安心して活躍できる会社を目指し、障害者雇用促進法における「特例子会社」として認定され、「愛知県ファミリー・フレンドリー企業」へも登録されているなど、今の時代に求められている、多様な働き方に取り組んでいます。

TGウェルフェア株式会社は、豊田合成が支援するスポーツチーム、ウルフドッグス名古屋（バレーボール）、豊田合成ブルーファルコン名古屋（ハンドボール）のホーム開催試合におけるマネジメントも、事業として行っています。

豊田合成の間接材調達（臨時購入品）を一手に引き受けているTGウェルフェアのKOBUY導入は、どのようなねらいで行われたのかを本章では見ていきます。

□ 導入前の課題

TGウェルフェアで営業調達部のシニアエキスパートを務める浅野邦仁氏は、間接材購買システムの導入を検討するに当たって、次のような検討課題を認識していました。

「間接材調達には、EDI（電子データ交換）システムを通じて、そのルールの上での発注が行われます。TGウェルフェアは、EDIを通じた調達を、売上として計上してきました。

しかし昨今、豊田合成の社員は、オンラインのECサイトで請求書払いや立替精算をし、必要な間接材を調達する流れがありました。

豊田合成としては、ルールの外での取引をできるだけ無くしていきたいという意向があり、またTGウェルフェアとしても、ECサイトなどでの取引をEDI経由の取引へと変更することで、増収増益の手段にできないかを検討し

てきました」（浅野氏）

TGウェルフェアは、豊田合成の間接材を調達する商社のような機能を持っており、あらかじめ決まったもの、よく買われているものを登録しておくカタログを編集しています。「顧客」である豊田合成の社員は、そのカタログから商品を選んで注文するだけで必要なものが入手できることで、グループ内の利便性を高めてきました。

カタログにない商品については、見積を取って発注する仕組みになっていたため手続きが煩雑になってしまい、結果的に納期が伸びているという実態がありました。それでは間に合わないこともあるため、「顧客」である豊田合成の社員は、やむなくECサイトを活用するという状況も一方でありました。

TGウェルフェアで営業調達部の室長を務める下澤幸雅氏は、ECサイトへの対応を急がないといけないという、現場の危機感が高まっていたと当時の様子を振り返ります

「当時は、ECサイトの方が、TGウェルフェアが調達する商社経由よりも

『価格が安い』から顧客がECサイトを利用する理由だと考えていました。

しかし、商社経由で例えば3つの商品を買う場合、顧客は3回別々に購入した商品を受け取らなければなりません。ところがECサイトでの購入の場合は、3つがまとめて届くため、受け取りが1回で済みます。

ECサイトの利便性は、価格が安い点だけでなく、入荷・検品のコストが軽減されるという点や見積を取らずに価格が分かる点などもあるということが、顧客からの指摘で分かりました」（下澤氏）

下澤氏は、顧客サービス向上を目指していく中で、ECサイトへの対応は不可欠だという結論を出しました。

もし、豊田合成が、従来の発注方法であるEDI（企業間の商業：Electronic Data Interchange）経由での購入に加えて、ECサイトからの調達が可能な別のシステムを持つことになれば、その分の売上はTGウェルフェアから失われることになるからです。

そこで、従来のカタログから選んでもらう方式と、ECサイトでの調達を共存でき、顧客のニーズやスタイルに合った方法が選べるようにしたいと考え、EDIシステムとＥＣサイトを接続できるソリューションを検討することになりました。

□製造業特有のコンプライアンス重視の味方

他方、豊田合成からも、「コンプライアンス」という側面から、従来のＥＤＩ経由でのＥＣサイト活用の検討が相談されていました。

下澤氏は、顧客のＥＣサイト活用のニーズが高まっている一方で、不正防止策が求められていたと話します。

「製造業としての豊田合成の文化的側面があると思いますが、仕組みづくりを通じて不正を未然に防止する、という考え方が根付いています。

ＥＣサイトへの対応は、自由度が高くなる一方で、不正も起きやすくなります。業務に関係のない物品も購入することができるからです。業務に関連するものと混ぜて私物の購入を行ったり、配送先を会社ではなく自宅に設定するなどの不正が起きたりする状況を解消しなければなりません。

EDIには、そもそも業務に関連する物品がカタログ登録されています。加えて、購入には上長の承認が必要となる機能がついているため、そこでチェックが行われ、好き勝手に物品を買うことができない仕組みでした。

こうしたことを踏まえて、何か対策を講じてほしい、という要望への対応が必要でした」（下澤氏）

顧客の利便性向上と、不正防止。この2つのテーマを両立することが、TGウェルフェアとしてのECサイト対応の大きなテーマとなっていました。

間接材調達への理解とサプライヤーネットワークが決め手

EDIシステムとECサイトを接続できるソリューションを探し始めたTGウェルフェアの浅野氏は、KOBUYを含めた4、5社の調達システムの比較検討を始めることになりました。

浅野氏がKOBUYと出会ったのは、トヨタグループですでにKOBUYを導入検討していた企業から、詳しく話を聞いたことがきっかけでした。

「幾つかのサービスを比較検討する中で、TGウェルフェアが『間接材調達専門』であることを理解し、サプライヤーネットワークの構築やシステム連携の調整にまで取り組むと最も前向きに対応してくれたのは、KOBUYだけでした」（浅野氏）

企業の物品調達には、製造や建設など、納品するものの材料となる直接材と、納品には直結しないけれども、ビジネスに必要な物品となる間接材に分かれています。

大企業向けの調達システムの多くは、直接材を主眼においており、常時や定期の購入・大量購入・一括購入といった特徴に対応するシステムになっています。

しかし間接材は、定期的に買うものばかりではなく、バラバラのタイミングで少量ずつを調達することもあり、直接材とは異なる仕組みが必要となります。

その違いを一番理解していたのが、KOBUYだったと浅野氏は指摘します。

また下澤氏は、KOBUY以外のシステムでは、サービスや商材が足りず、選べなかったと振り返ります。

「顧客（豊田合成の社員）にとって、需要が多いECサイトをサプライヤーとしてカバーできているサービスは、KOBUYしかありませんでした。

KOBUYを導入検討している当時、利用率が高かったECサイトは、Amazon、モノタロウ、アスクルなど、複数にまたがっていました。比較検討を進める中で、こうした主要ECサイト全てをカバーできているサービスは、KOBUYしかなかったのです」（下澤氏）

また、浅野氏、下澤氏はKOBUYの営業担当者が伴走して導入までのハードルを一緒に乗り越えてくれる姿勢にも、安心感を覚えたという。

「コロナ以前は今のようにオンライン会議が一般的ではなかったため、わざわざ東京から愛知まで通いながら導入を進めてくださったことに感謝しています。

また、いろいろな新しい情報や他社の動向など、質・量ともに優れた情報を提供していただき、社内でも「やりたい」という機運を作ることができました」(下澤氏)

□ハードルを、一緒に乗り越える

浅野氏は、導入するシステムをKOBUYに選定した上で、TGウェルフェアが扱っているEDIとの繋ぎ込みを検討し始めたといいます。

「EDIを作ったシステム会社とKOBUY、TGウェルフェアの3社で長い間やり取りをし、時にはシステム会社とKOBUYとの2社での打ち合わせも繰り返しながら、EDIとKOBUYの接続に道筋を付け、導入が可能であるということが分かりました」(浅野氏)

ここで問題が生じました。当時のEDIシステムは古く、アクセスできるのはマイクロソフトのIE（ウェブブラウザ）のみでKOBUYがうまく動作しません。

そうした技術的な解決のための交渉を、KOBUY営業担当の土橋圭太と、システム担当の轟健太郎が行い、問題解決へとこぎ着けました。

一方、KOBUY導入を進めるべきかどうかという、もう一つの社内のハードルをどう乗り越えたのか。ここにもKOBUY営業担当の支援がありました。

「なぜTGウェルフェアがKOBUYを導入すべきか？　という社内の議論の中で、KOBUYの橋爪康太郎さんから教えていただいた他社の動向が非常に参考になりました。

まず、ECサイトをEDIと接続することで、TGウェルフェア経由での間接材調達の取りこぼしがなくなり、売上が上がるということ。これは、KOBUYを導入し、ルール内で立替精算の手間なく、ECサイトで調達が行えるようになることで、取引量が増加する傾向があるというお話から得られた知見です。

加えて、社内の伝票コストが低減されるということ。カタログにない商品の見積業務から解放され、その分の業務時間を削減したり、他の業務に振り分けたりすることができると伺いました。これも他社の労働時間削減や労働生産性向上の事例がとても参考になりました」（下澤氏）

こうして、顧客サービス向上を通じた売上の増加、社内の事務コスト低減という2つのゴールを設定し、KOBUY導入へと意思決定することができました。

導入におけるKPIは増収と工数削減

KOBUYの営業担当とともに、粘り強く社内説得を行い、導入を決定したTGウェルフェア。導入による効果を測定するためのKPIは、社内説得の材料ともなった増収と工数削減の両立となりました。

特に工数については、厳しい現状がありました。

「カタログにない商品をシステム経由で購入する場合、都度見積を取る必要がありますす。当時、見積の作業には、4人の社員が1日に4時間かけていました。

見積を取る物件数が多いと、検討のための見積作業は、購入する物件数よりも当然多くなります。そのため、見積取得だけでも、膨大な工数のための時間を割かなければならなかったのです」（浅野氏）

KOBUYの導入で、ECサイトからの少量購入の場合は、こうした見積作業から解放されるので、下澤氏は月に60時間以上の削減が可能だと考えていました。

3～6カ月ごとの利用動向で検討すると、この時間削減目標は必ずしも高いハードルではないと浅野氏は指摘します。

また、増収についても、導入初期の段階で達成可能な目標でした。もともとECサイト経由の売上を全て計上できていなかったため、これら全てがKOBUY経由での取引に置き換わることで、TGウェルフェアの売上として計上できるようになったからです。

□カスタマーサクセス部門の活躍と、他社への紹介

顧客に対する「価値提供」「サービス向上」という言葉が社内で飛び交い、「自分たちの仕事の価値とは何か？」について真摯に向き合っているTGウェルフェア。

KOBUYを選択し、顧客の利便性を向上させつつも、売上の増加と事務作業の削減という目標を掲げた間接材購買プラットフォームの導入が始まりました。

導入検討の時点で価値を発揮していたサプライヤーネットワークについては、拡充のための交渉が引き続きカスタマーサクセス担当者と続けられています。

もともとTGウェルフェアがKOBUYを知るきっかけとなった導入企画は、TGウェルフェアの導入状況や経緯を見てから、本格的な導入を進めるとしているほか、他のトヨタグループに属する企業の調達部門や調達を専門に行う子会社にも、TGウェルフェアの導入事例が共有され、広がりを見せています。

KOBUYによる業務改善とサービス向上は、製造業の間接材購買の常識を大きく

塗り替えていく可能性が見えてきました。

TGウェルフェア――取り扱いを増やすことで、売上が増加する、間接材購買企業への導入
1982（昭和57）年設立。「一人ひとりの個性を活かし、さまざまな社員が生き活きと働ける会社」を目指し、障がい者雇用促進法による「特例子会社」の認定を受けるとともに、「愛知県ファミリー・フレンドリー企業」にも登録している企業。https://www.tgwelfare.co.jp/

第 4 部

KOBUYの未来

KOBUY導入企業は、KOBUYプラットフォームの上で、独自のサプライヤーネットワークを展開し、調達力の強化と業務改善、DX化の成功を通じた労働生産性向上、といった成果を得ています。

そうした企業の増加は、今後のKOBUYにどんな変化をもたらすのでしょうか。そしてKOBUYによって構築されるエコシステムの成熟は、日本経済において、どんな役割を発揮するのでしょうか。

現在KOBUYで進められている次なる展開、そしてKOBUYが描く2030年の姿である「KOBUY経済圏」について触れ、日本の労働生産性を高める企業が集まるプラットフォームの未来について考えます。

第15章 ＫＯＢＵＹが実現する未来

□ 双方向のＤＸ：ＫＯＢＵＹを中心にして、今起きていること

第３部で紹介した各事例では、ＫＯＢＵＹを導入する買い手のバイヤー企業、ＫＯＢＵＹを通じて売り手となるサプライヤー企業の双方が、ＤＸの効果を実感している様子を見てきました。

バイヤー企業では、利用者が面倒な手続きをすることなく、ＥＣサイトの手軽さと検索などの便利な使い勝手の良さを感じながら、物品の調達を行えるようになりまし

た。

負担がかかっていた調達部門での見積作業は、３社見積であれば、取得する見積のうち２社は捨てることを前提にしています。不正防止の意味はありますが、ムダになることが分かっている作業をしなくてはいけなかった、と気付かされました。

また、**申請者と、購入したデータを処理する経理部門が、これまで別々に扱ってきたデータは、購入する時点でのデータ作成のみとすることで、経理部門での書類の処理過程の入力ミスを排除することができ、業務負担が大きく軽減されました。**

これら業務負担の軽減によって、発注者に素早く商品が届くようにもなりました。多くの大学で申請から２～３週間かかっていた納期は、ＥＣサイトで個人が購入する際と同様のスピード感、最短で当日にまで縮められました。

このメリットは、間接材を販売するサプライヤー企業にとっても、同様のメリットを得られるものとなりました。

サプライヤー企業はＫＯＢＵＹ導入以前、電話やファクス、メールなど、さまざまな方法で受注していた会社がほとんどでした。受注内容を社内の基幹システムなどに入力をして、商品を手配。さらにバイヤー企業のフォーマットに合わせた納品書や請求書を作成し郵送するところまで、多様なアナログ作業が随所に含まれる業務フローが当たり前でした。

そのため、クライアントが増えたり、受注数が増えたりすると、それに応じて書類の数や入力の数も増加してしまい、人員を増加させたり、担当外の人に応援してもらったりと、月末になると社員総出での書類作成に追われるといったことが発生していました。

KOBUY導入後は、発注者のデータがそのままKOBUYを通じて流れてくるので、基幹システムと連携させたり、そのまま書類を適切なフォーマットで自動的に作成したりすることができます。

サプライヤー企業は、新たに創出できた時間で、対面の営業活動を積極化させたり、納品やアフターケアといったサービスにより多くの時間を使うことができるようになったり、顧客体験を高める付加価値の増大に取り組むことができるようになったのです。

このように、バイヤー企業、サプライヤー企業の双方が、KOBUYプラットフォームを挟んで取引を行うことによって、時間がかかっていた非効率な業務を改善

し、労働生産性を高め、新しい価値を作り出すための時間を創出することができました。そのため、バイヤー、サプライヤーが、双方向でDX化を実現しているのです。

□調達力：業務効率化を超えた、攻めの間接材調達の本質

申請業務の煩雑さから商品数がまとまるまで発注手続きを取らなかったり、すぐに物品が欲しいため、立替精算を前提に個人で購入されたりしてきましたが、KOBUY導入後はそうしたタイムラグがなくなります。

業務に必要なものの発注が滞り、納品まで待たされること自体が、取り組むべき業務の実行を妨げる停滞を招いていることも認識しなければなりません。

近畿大学や常翔学園の事例では、研究の機動力が大学の競争力につながるとの考え方が示されました。企業にとっても、細かい業務遅延が積み重なることで、競争力も労働生産性も下がってしまいます。

他方、調達力に言及する事例もありました。KOBUYを通じた効率的で業務負担が増えない間接材調達が拡大することにより、物品が素早く調達できること自体が、

図7｜KOBUYが約束すること

KOBUYは、本質的な業務改善を伴走し、
短期・中長期で効果をもたらします。

本質的業務改善フロー＝KOBUYのハンズオン

現状の見える化
↓
業務フローの分析
↓
改善施策の導入・運用

短期効果	中長期効果
業務改善	月次決算スピード化 コスト削減・労働生産性向上 内部統制 コンプライアンス強化

図8｜KOBUYソリューション

業務改善効果	経営力向上効果
発注業務のコスト削減 ▼ 1年間で約15,000時間 約3,000万円のコスト削減	**本業の労働生産性向上** ▼ 現場の購買課題まで対応しながら、FAX注文が当たり前の地場サプライヤーのDXまで行うことで、現場の間接材購買の負荷軽減を抜本的に実現した。
経理業務のコスト削減 ▼ 1年間で約38,400時間 約7,680万円のコスト削減	**個人に蓄積されていたネットワークの組織資産化** ▼ 同商品を同サプライヤーから購入しても担当ごとに価格が異なっていた。ベテラン所長の調達力(価格、納期等)を、KOBUYに反映し、組織資産化に成功した。
月次決算スピード化 ▼ 現状、3日程度の短縮化を実現。 (振替業務タスクの短縮による)	**内部統制・コンプライアンス効果** ▼ 従来、現場の立替の管理は不可能だったが、KOBUY経由で購入することで、購入データが蓄積されるため、不正購入の防止につながっている。

＊KOBUY導入企業様のファクトデータと、ヒアリングによるコメントをベースにしています。

メリットになっていたのです。

ＫＯＢＵＹを導入したバイヤー企業は、当初から社員にニーズのあるサプライヤーの取引が可能である点を、選定理由として挙げていました。加えて、導入後のカスタマーサクセス担当者の伴走によって、さらなるニーズを拾い上げ、利便性が高まるサプライヤーの参画にも取り組んでいます。

ＫＯＢＵＹのスピード感で、あらゆる物品の調達が可能になれば、業務負担を増やすことなく、調達のスピードや利便性が上がり、納品待ちの時間から解放され、労働生産性のさらなる向上を目指すことができるようになります。

日本の間接材の購買において、「調達力」が意識されることはこれまであまりありませんでした。ところが、現在は「調達力」も重要な課題となっています。

新型コロナウイルス感染症のパンデミックのタイミングで、世界的な半導体不足に陥った際、パソコンやスマートフォンをはじめとする、半導体を多用する商品の調達が難しくなった時期がありました。明らかに半導体を使っていると分かるデジタル機器だけでなく、交通系ＩＣカードや建設部材など、同時期に半導体に関わるさまざまなものが入手困難になり、公私共に「調達力」の重要性が認識されるようになりました。

間接材の納品に時間がかかっているということだけでは気付けなかった「調達ができないことによって業務が停滞する」という事実を突き付けられる体験だった、と今では振り返ることができます。

現在も中小企業から大企業まで、人材不足の中でさまざまな業種において、各事業からの撤退や廃業、統廃合が進んでいます。いつも何気なく使っていたものが突然調達できなくなること自体も、今後は想定しておく必要があります。

サプライヤーネットワークは、そうした調達力を確保し、調達できないことに

図9｜間接材購買の集約

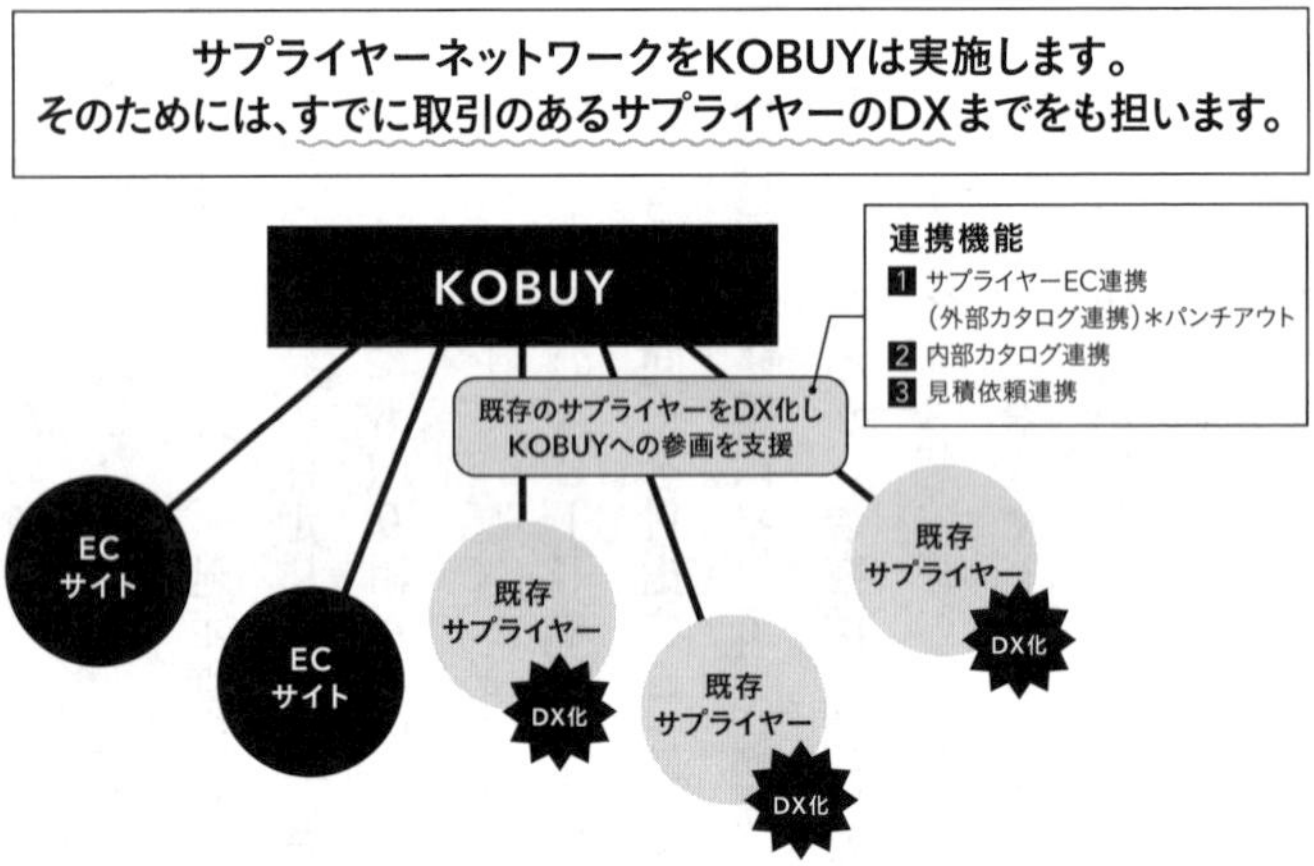

よる労働生産性の低下を防ぐセーフティネットの役割を担うことになるでしょう。

□　中小企業への展開

現在、KOBUYのクライアントは、大企業が中心です。KOBUYの「間接材調達の業務改善と労働生産性向上」というメリットを最大限に受けられるのは、購買システムと業務フローが構築されていて取引量が多い企業のためです。

その一方で、サプライヤーネットワークに参画してもらっている企業規模は、大小さまざまです。

共立電子産業のように、自社ECサイトを展開している企業の参画では、KOBUYプラットフォームからECサイトで利用している基幹システムと接続し、バイヤー企業のユーザーがKOBUY経由で、普段使い慣れたECサイトで検索を含めた商品選定を行えるようになり、立替精算の負担と手間を解消してきました。

すでにECサイトを持っている企業は、2カ月でKOBUYへの参画が完了し、受注が開始できるスピード感でシステム構築を完了できることで、「プラットフォーム参画」のハードルが大きく下がりました。

他方、ECサイトを持たないアナログ業務が主体のサプライヤー企業も、カスタマーサクセス担当者の尽力により、KOBUY参画が数多く手掛けられてきました。バイヤー企業と同様の詳細な業務分析を行い、KOBUY上で商品選定するための電子カタログをどのように作るか、受注後の業務フローで、アナログ業務を生かせる要素がどこにあるのか、書類作成などの事務作業をいかに軽減するか、といった検討が行われています。

建設現場向けの安全掲示物を扱うつくし工房や、近畿大学と長年の取引を行ってきたショップにしもとや事務用品店の木村文具の事例にある通り、これまでアナログな事務処理を行っていた会社や中小規模のサプライヤーにとって、KOBUYへの参画は、社内の業務のデジタル化のきっかけとなり、時間創出や、新たなクライアントの獲得といった、業務改善と営業活動の両立というメリットを享受することを可能にします。

KOBUYプラットフォームは中小規模で間接材購買を行う会社に対しても、デジタル化、業務改善、調達力向上、労働生産性向上などのメリットを提供し、支援する

ことができるのです。

□ 営業力：中小サプライヤーも、大企業との取引に光

第10章と第11章で紹介したショップにしもとと木村文具は、近畿大学にとっても大切なサプライヤーであり、近畿大学のDX推進のため、KOBUYのカスタマーサクセス担当者が、両社のデジタル受注環境を整備し、近畿大学とショップにしもと・木村文具との双方でペーパーレス化を伴う業務効率化を実現しました。

大阪工業大学からの依頼でKOBUYに参画した共立電子産業は、大学との取引で生じていた紙の書類でのやり取りがKOBUYシステム上でペーパーレス化され、書類作成の作業から解放されました。

これらのサプライヤーは、取引先や取引量が増えても、手元の書類の業務が増大しない、作業時間が増えないというKOBUYプラットフォーム参画のメリットを生かし、新しい取引先の開拓に乗り出しています。

今回の事例で詳細に紹介できなかった、あるサプライヤー企業では、営業担当者が

訪問して受注する訪問営業と納品までのサポートが主体となっていました。そのため、新しい取引先の開拓にどうしても時間を必要としていました。

しかしKOBUYに参画してからは、KOBUYを利用する他の企業からの引き合いが生まれてきました。そのため、いかにKOBUY上で商品やサービスを魅力的にアピールするかといった「プラットフォーム営業」に注力し始めたといいます。

同様に、KOBUY上で商品を分かりやすくアピールすることに取り組んでいるのが、ショップにしもとです。共立電子産業も、KOBUYを通じて、新たに2つの大学とのサプライヤー参画を実現しました。

サプライヤーからみると、KOBUYはまさに「ビジネスの場」そのものであり、「市場」となりつつあります。ここでいかに新しい顧客を獲得し、商品を魅力的に伝え、取引量を増やしていくかという営業上の新しい局面を迎えています。

KOBUYのカスタマーサクセス担当も、企業内からニーズを発見し、既存サプライヤー、新規サプライヤーのKOBUYを通じた取引を実現させ、プラットフォームとしての価値を高める活動に取り組んでいます。

このように、業務効率化を伴いながら、バイヤー、サプライヤー、そしてKOBUY

自身の三位一体となった「経済圏」の構築が進んでいます。

□自動化力：中小企業においては、業務の自動化が絶対条件

中小企業にとって、KOBUYがもたらす新しい価値は何でしょうか。

大企業は、業務の仕組みがしっかりと確立されており、それを実現するシステムが存在し、業務に携わる人が複数人いることがほとんどです。

KOBUYは、そうした業務を細かく分析し、ムダな作業、効率化できる作業、そのまま生かせる作業に整理し、KOBUYプラットフォームの導入で効率化を実現し、携わっている人の時間を創出し、労働生産性を高めます。

中小企業はどうでしょうか。業務フローやそれを実現するシステムが十分ではなく、アナログ作業で事務を行っている可能性があります。そもそも、携わる人数が圧倒的に足りていないのが普通でしょう。

例えば、業務で必要なものは社員個人が全て立替精算をしている、都度見積を取り寄せている、といった会社もあります。

そうした企業では、大企業のようなＫＯＢＵＹプラットフォーム導入による労働生産性向上のメリットは発揮されないのではないか、と思われるかもしれません。

これからの「人手が足りない中での業務効率化」のカギは、「自動化」に他なりません。

特に、事務手続きについては、購入のための発注は、必要な社員が行うべきです。それ以降の業務は、承認や納品時の検品を含めて、自動的、もしくはボタン１つで済む程度の労力で済ませられるようにしなければ、デジタル化のメリットを発揮できないでしょう。

加えて、今後は、過去の発注タイミングの分析や、センサーを活用して足りなくなるものを自動的に発注するＡＩ機能を実現することで、定番品に関する発注業務そのものを自動化することができるようになるでしょう。

ＫＯＢＵＹを通じた間接材購買の業務自動化によって、中小企業の人手をかけない業務を実現していくことは、新しい可能性をもたらすことになります。

□接続力：労働生産性を高める企業がつながることによる、イノベーション

ＫＯＢＵＹで今何が起きているのか、そして中小企業対応といったこれから起きようとしている進化について確認してきました。

ＫＯＢＵＹは、マルチサイドプラットフォームとして、買い手と売り手が繋がり、データを保持しながら、双方のデジタル化、業務効率化を行い、労働生産性を高めるプラットフォームです。

これまで業務に必要とされていた時間が「空き時間」として創出され、付加価値の高い業務、営業活動や新規事業開発、新商品の開発、新たな提案活動に振り向けることができるようになります。

すでにＫＯＢＵＹ導入によって、構造的に売上を向上させているバイヤー企業も存在しています。人員の再配置や、業務負担軽減によって、本来やるべき仕事である顧客対応や教育・研究の質的向上に取り組んでいる事例は紹介してきた通りです。

ＫＯＢＵＹプラットフォームに参画しているバイヤー企業、サプライヤー企業は、

データでつながり、効率化を実現します。双方の業務効率化は、バイヤー企業の発注者が作る基点となるデータを出発点としているため、余計な入力作業や書類作成の手間がなく、ミスも発生せず、迅速に購買業務を完結することができるのです。

このプラットフォーム上での繋がりを、データ以外に拡大していくと、どうなるでしょうか。新たな価値創造が、バイヤー、さらにはサプライヤーを起点に発生し、これが連鎖していく世界観がＫＯＢＵＹによって作り出されていきます。そうした可能性が考えられます。

イノベーションは、「革新」と訳されます。現在、イノベーションの多くは、新しいテクノロジーによって引き起こされています。

しかし、イノベーションの結果に着目してみると、人々の行動がまるっきり変わってしまう（行動変容の）きっかけを作り出すことこそが、本当のイノベーションであり、テクノロジーの新旧や使用の有無が実は本質ではありません。

つまり、ＫＯＢＵＹプラットフォームのように、購買業務にテクノロジーを追加することがイノベーションというわけではないのです。

本質は、事務処理からの解放や、プラットフォームを通じたサプライヤーとの連携強化、自動化、購買業務のモバイル化など、業務のありようが変わることです。これにより、イノベーションが起きていくのです。

事務作業ゼロを目指し、経済圏を構築する

□ KOBUYが実現する課題解決は変化する

KOBUYは「間接材購買プラットフォーム」として2018年に産声を上げました。

これまで、90社を上回る企業に導入され、日々の購買業務に携わるあらゆる人を雑務から解放しながら、ペーパーレス化、納期の大幅な短縮、調達できる物品の大幅な拡大を具現化してきました。

また、こうして業務改善を成功させ、本来やるべき仕事のために時間を最大限使うことができるようにする労働生産性向上も実現してきました。

「間接材購買の業務改善と定着ならＫＯＢＵＹ」だとして、導入した企業の中では支社から支社へと拡大し、また物品を販売するサプライヤー側からも、導入するバイヤー企業を紹介されるなど、ＫＯＢＵＹへの指名の声が高まるようにもなりました。

時間外労働の上限規制が全業種に広がる「２０２４年問題」への対策、そして日本人口の3分の1が65歳以上の高齢者で占められるようになる「２０３０年問題」に向けて、これまでと同等か少ない労働力で、既存の業務を賄いつつ、付加価値の創出を行えるようにする労働環境と業務の改善に着手することが急務となった現在。

ＫＯＢＵＹは「失敗しないＤＸ」のパートナー、あるいは経営者が掲げるペーパーレス化などの数値目標をクリアする手段として、頼れる存在となっています。

ＫＯＢＵＹのサービスの仕組み、バイヤーとサプライヤーがマッチングするプラットフォームの構造は、登場当初から変わっていません。しかし社会の課題が変化する中において、ＫＯＢＵＹがそれらに対応しながら解決する手段となっている点は、注目すべきではないでしょうか。

□ 2030年に向けての社会課題解決とは、多様性への対応

本書の刊行は2025年ですが、これから5年後、2030年に向けて、KOBUYはどんな社会課題を解決していくのでしょうか。

まず、2030年の社会とはどんな世の中になっているか、考えてみましょう。

国立社会保障・人口問題研究所の推計によると、日本では人口減少が進み、2010年に1億2800万人だった人口は、2030年には1億1600万人にまで減少するとしています。ただし、減少するのは64歳未満の人口であって、65歳以上の人口はしばらく増加し続けると予測されているのです。

その結果、3人に1人が65歳以上の高齢者になり、15~59歳の労働力人口が4926万人となり、それまでの30年間で16%も減少するとみられています。

ただし、直近の人口統計を見ていると、少子化の進行速度はより早く、前述の予測よりも悪い結果、すなわちより早い人口減少と65歳以上の人口の割合の増加が起きると考えて間違いないでしょう。

そうした中で、経済の中心はアジアやアフリカの都市へと移り、日本のグローバル経済における競争力の低下がより顕著になっていきます。日本の購買力が減退する中で、資源危機や食糧危機のリスクが起きると、日本の国としてのあらゆるものの調達力の低下が加速し、日本経済への影響度合いを強める結果となってしまうでしょう。

そうした中で進行するのは、「多様化」です。

日本でもZ世代、その下のアルファ世代が労働市場に流れ込み、より多様な価値観(例えば出世欲がない、給料や役職より自分の時間を重視、といった)が溢れるようになります。また人手不足を補うため、働き方も多様化し、ジョブ型、リモートワーク、インディペンデントコントラクター(専門技能を武器にする、独立した業務請負の働き方)での、企業への関わり方を許容していかなければならなくなるでしょう。

企業の経営においても、その価値観が多様化していきます。これまでは、財務指標や投資対効果、労働生産性、短期的な利益、株主重視などが経営の共通のものさしとして作用してきました。

しかし**今後は、SDGsなどに象徴される持続可能性、社員のウェルビーイングの重視、社会資本の価値増大など、多様な価値観に適合する働き方、会社の在り方が、**

より求められていきます。

ＫＯＢＵＹは、こうした多様性が高まる時代における企業の目標達成に向けて、解決する課題を変化させながらも、ムダな業務を排除しながら労働生産性の向上を実現するという、コアにある価値を実現させ続けようとしています。

□ ＫＯＢＵＹ経済圏の形成に必要なピースとは？

ＫＯＢＵＹが、多様性がより高まる時代において、課題解決の武器としようとしているのが、「ＫＯＢＵＹ経済圏」と呼ぶビジネスの場の醸成です。

ＫＯＢＵＹはすでに、バイヤー企業とサプライヤーネットワークのマッチングの場となっており、サプライヤー企業にとっては「ビジネスの場」として認識され、プラットフォームへ参画することのメリットが理解されています。

また、前項で触れたように、スマートフォン対応や、中小企業のバイヤー、サプライヤーとしての参画が進んでいくことで、プラットフォーム上での取引はさらに増大していくことが見込まれます。

そうした中で、ＫＯＢＵＹ経済圏で最も重要な要素となるのは、やはり「データ」です。

データは、ＫＯＢＵＹ上の取引において、一度作られたら、企業の部署内や取引先企業間を通じて、取引が終わるまで保持され続けます。これによって、入力の手間やミスを防ぐことでムダな作業を排除し、ＫＯＢＵＹにおいて、バイヤーとサプライヤーの双方で、業務改善と労働生産性向上を実現しています。

このデータの蓄積は、**現在さまざまな業界で進行中のＡＩ（人工知能）や機械学習を生かした業務の自動化を行う上で不可欠です。**

例えば、毎年同じ時期に発注している間接材を自動的に発注し、手元にある在庫量から足りなくなる前に自動的に発注をかける、といったシステムとの連携を実現すれば、ＫＯＢＵＹ上で人が発注しなくても、商品を使える状態で整えることができるのです。

また、例えば「工事現場を開設する時に発注している物品」というデータが蓄積されれば、新しい現場を開くときに自動的に同じものを発注する提案が行われるようになります。

図10｜KOBUYのポジショニング

1
KOBUYが目指すこと
社会から「購買損失」を排除し、
労働生産性の高い社会を実現すること。
2
お客さまは誰で何を提供してそれは競合とどう違う？
①市場・社会全体
② 自社・事業
③ 競合企業
購買が損失になっていることに気づいていない担当・経営層
「ＤＸだ！」と言われ続けて数年が経った。でも、正直、何を、どうしたらいいのか、わからない・・。

確かにわかっていることは、当社はこのままではいけないということだ。

なぜなら、「外部環境」の変化が激しく「業界課題」も深刻だ。

本質的な購買ＤＸを実現する「チーム」と「仕組み」がある。

KOBUYのDXは、コンサルタント(チーム)が課題を発見し、解決の糸口を見つけるところから開始する。最適なサプライヤーの提案だけではなく、サプライヤーのDXまで行う。アフターフォローまで徹底的に実施し、費用は購買後から発生する。すでに多くの実績がある。

SIerやSaaS、システムベンダーはシステム導入をするだけ。
・(競合情報)
・大手サプライヤーから連携依頼が舞い込むほどである(競合ではなく協業先化)
3
KOBUYの訴求点
「失敗しないDX KOBUY」
リスクゼロ！プラットフォーム&コラボレーション支援者のKOBUYは、失敗しないDX。
KOBUYは、単なるプラットフォームではない、本質的問題解決のチームである。

このことは、人手不足の時代におけるもう一つの問題、つまり技術や知識の継承のための研修の時間が取れない、という状況にも対応することができるようになります。先輩から後輩へ申し送りの時間がなくてもＡＩが、過去の先輩の発注を再現し、後輩に提案してくれることで、研修や教育がなくても、業務におけるノウハウが伝承されるのです。

こうして、膨大なＫＯＢＵＹデータを駆使したＡＩによる自動化は、人口減少による働き手不足、教育する時間不足といった問題をカバーしてくれるでしょう。

そのほかにも、業務に欠かせないリピート品の分析や、購入した間接材の活用によって業務改善が実現したといったデータを分析することができれば、購買活動を通じた労働生産性向上の施策を発見することにもつながるでしょう。

□ 人材もスキルも、ＫＯＢＵＹ経済圏で流通する

ＫＯＢＵＹ経済圏では、間接材という「モノ」の流通に加えて、「ヒト」の流通にもつながるかもしれません。

前述のように大企業から中小企業まで、さまざまな規模のバイヤー、サプライヤーがＫＯＢＵＹ経済圏に集結するようになります。ＫＯＢＵＹを使えば使うほど、ペーパーレス化が促進され、また発注から納品までの時間が短縮されると同時に、データが蓄積され、発注や商品選定の自動化、省力化が進行していくことになるでしょう。

ＫＯＢＵＹ経済圏の企業は、購買業務や経理業務に必要だった人材は再配置され、労働生産性が高い、つまり付加価値の高い仕事に、人材と時間を割り振ることができるようになっていきます。

では、その企業で特別なノウハウを持つ人材の「時間」が、ＫＯＢＵＹ経済圏で流

通するようになったらどうなるでしょうか。自社業務を行って余る時間ができた時、そのノウハウを外部に販売することができる仕組みもまた、ＫＯＢＵＹプラットフォームの上で実現することができるようになるかもしれません。

前項で、新しい働き方として「インディペンデントコントラクター（専門技能を武器にする、独立した業務請負の働き方）」を挙げました。もともとは、複数の会社と契約し、自分の強みを生かす働き方のことですが、企業に雇用されている人材のスキルを、外部の企業に提供し、企業の収益にすることも可能になるのではないか、ということです。

そうした働き方を志向する人材も、ＫＯＢＵＹプラットフォームによるスキルの流通が可能となれば、個人として独立するだけでなく、どこかの企業に所属しながら、自身のスキルで活躍する、というオプションも実現できるようになります。もちろん、人材の流動性や適材適所の起用と、企業の収益性向上、個人の生活基盤の強化といった「三方良し」の世界が待っています。

しかし、そうした可能性を考えるとき、大きな変化が必要になるのが、人材のスキルセットの可視化です。

どんなことを知っているのか、どんなスキルを学んだのか、どんな業務の経験があ

り、実績があるのか。学歴と職歴を併せ持つようなその人のデータが明らかになっていなければ、マッチングしたり、価格をつけたりすることができません。

教育も含めたデータの蓄積と流通の環境を整えていかなければ、人材とスキルのマッチングの実現は難しいのではないでしょうか。

AIとの共存に向けて

KOBUY経済圏で、もう一つ流通するのが、データを基盤としたAIです。KOBUYそのものも、AIによる自動化で、人の労働生産性向上に寄与することになりますが、企業ごとに醸成されたAIそのものの流通、という局面も見据えることができるのではないでしょうか。

AIは現在、蓄積した過去のデータを学習することによって、パターンを見いだし、場面場面にマッチする最適な情報や処理を答えてくれる仕組みへと進化しています。特に、大規模言語モデル（LLM）と、マルチモーダル（文字だけでなく、写真や画像、ビデオ、音声などの複数の種類のメディア処理に対応）の組み合わせによって、学習済みの情報や条件下において、人間と同様の受け答えをし、答えを導いてくれるＡＩも実現できるようになりました。

しかし、学習が行われていない問題に対しても、自ら問題を定義し、それを自ら解決する手段を導く、意思決定を下すことができる汎用人工知能（Artificial General Intelligence：ＡＧＩ）を実現するには、まだまだ学習量が足りない、というのが実情です。

しかし、学習し得る特定の条件があれば、それに応えることができるようになっています。そこで、ＫＯＢＵＹが解決する経営課題、労働生産性向上という課題に対して有効に作用する「ＡＩエージェント」は実現可能であると考えます。

前述の例に挙げたように、間接材の自動発注や、現場開設のための調達セットの提案は、季節や気候の変化に対応するなどのカスタマイズまで自動化できる可能性があるでしょう。

そうした業務に特化したＡＩエージェントがＫＯＢＵＹプラットフォームで、あるいは企業の中で生み出されれば、これもＫＯＢＵＹ経済圏で流通し、価値を生み出していきます。人手をかけていたところをＡＩエージェントに任せることで、企業の労働生産性の向上と、人手不足に対する対策になっていくことでしょう。

こうしたＡＩエージェントによる自動化の成功もまた、ＫＯＢＵＹを導入した企業の特権となっていきます。

ＫＯＢＵＹ導入時、KOBUY Journey を用いて行われた業務の詳細な分析と理想的な姿が描かれており、ＫＯＢＵＹ導入によってその一部の業務のデジタル化が進んでいます。

その上で、ＡＩエージェントを導入する際、そのデジタル化された部分をさらに自動化することや、アナログ部分として残している部分のＡＩエージェント化への検討が、迅速に行えるからです。

そのためＫＯＢＵＹ導入企業においては、やみくもにＡＩを導入しましょう、ＡＩ時代に対応しましょう、という抽象的な議論はありません。**より具体的に、どの業務をＡＩ化し、どれだけの労働生産性向上に結び付けるのかが、議論の出発点となり、効果が挙げられるＡＩ導入を素早く実現することができるのです。**

□「働く」をアップデートして迎える2050年

本書では、ここまで、KOBUYがどのように出来上がってきたか？　KOBUYが構成するマルチサイドプラットフォームとは何か？　KOBUYが実現している業務分析からスタートする「失敗しないDX」とは何かについて解説してきました。

その上で、実際に業務改善と労働生産性向上に成功している企業は、KOBUYでいかにしてDXを成功させたのかについて、利用者の方々の声をご紹介しました。

そして、KOBUYがこの先、どのような発展を遂げていくのか、どんな可能性を見いだしているのかについてまとめました。

KOBUYは一貫して、データを保持し続けること、ムダな業務を見つけ出して徹底的に排除すること、関係するあらゆる人と部署にとっての全体最適を見つけ出すことを通じて、労働生産性を向上させることを目指すプラットフォームであり続けます。

日本の高度成長時代に出来上がった、非常に優秀な、人と組織のシステムと、それを前提とした就職・採用から始まる働き方は、人口が減少し加速し始めた現在において、考え方とやり方、価値観と方法論を転換する必要があります。

アップデートの手段としてデジタル化、DXに注目が集まっており、KOBUYはDXによって労働生産性を高める、「働く」をアップデートする手段を提供することで、あらゆる日本の働く人と企業にとっての、これからの時代への備えになろうとしています。

さらなる人口減少と高齢化が進み、人口も1億人を切ることが予測されている2050年。KOBUYは、日本の労働生産性を高めながら、競争力ある経済を支える経済圏として、多くの人々が働く場になっていくことに、大きな期待を込めて、日々のDX成功に取り組んでいるのです。

そうした中で、KOBUYは、働くための社会インフラになることを目指します。「電気、ガス、水道、KOBUY（コーバイ）」となるべく、KOBUYがなければ労働生産性が高まる働き方が実現できない、というインフラになりたい。

日本におけるインフラは、「動いているのが当たり前」という価値観です。蛇口をひねれば、何の手続きもなく水が出てくるように、事務作業ゼロの状態で、KOBUY上で提供される関接材購買やその他のサービスが実現されることが理想です。

また、インフラは、日常生活やビジネスにおける「不確実性」を徹底的に排除し、やりたいことを、やりたい時に実現できる自由さをかなえる基盤です。本来注力すべき業務に集中して、価値を生み出し、未来を切り開く。そんな日本のあらゆるビジネスを支えていくために、ＫＯＢＵＹはこれからも、日本の企業のＤＸを成功させ続けていきたいと願っています。

おわりに

本書を手に取っていただき、また、最後までお読みいただいた読者の皆さま、誠にありがとうございました。

デジタルトランスフォーメーション（ＤＸ）がいかにして成功するのか。企業の在り方や業務の進め方がどのように変化し、Ｘ（トランスフォーメーション）が達成されたのか。具体的な事例の数々が、皆さまのお役に立てられたとすればとてもうれしいです。

素晴らしい導入・運用の事例取材に応じてくださったＫＯＢＵＹ導入企業・導入大学の皆さま、サプライヤー企業の皆さま、ご協力くださり、ありがとうございました。そして、日々のビジネスの現場でＫＯＢＵＹをご活用いただき、ＤＸを成功に導き、日々の業務でその効果を実感いただいているユーザーの皆さまにも、改めて深く感謝申し上げます。

本書を執筆するに至った経緯を少し振り返ります。

ＫＯＢＵＹは２０１８年に、「間接材購買業務の合理化」を提供するサービスとしてスタートを切りました。以来、多くの企業や大学に導入いただいています。

導入の過程では、企業や大学がこれまで行ってきた業務フローや社内規程を確認する中で、多くの企業や大学が、DXや働き方改革が提唱される前の、古いルールや規則、古いシステムに依存している実態を目の当たりにしました。

これは、私にとって非常に大きな驚きであり、改善すべき点だと感じました。

日本はかつて高度経済成長期を経て、「ものづくり立国」として世界に誇る技術やノウハウを蓄積し、研究分野においても世界トップクラスとして君臨してきました。しかし、バブル崩壊後、リーマンショックや東日本大震災などを経て、企業経営がどこか「守り」の体質となり、これまでに構築してきたシステムや手法から抜け出せなくなっているのではないでしょうか。

近年、毎日のように「DXが必要」という言葉を目にします。

DXによって業務が改善され、労働生産性が向上すると期待されていますが、残念ながら多くの企業では、DXそれ自体が目的化し、本来の目的である「業務改善」や「労働生産性向上」が達成されないケースが目立っています。このままでは、日本が再び世界に通用する国となるのは難しいのではないかという強い危機感を抱いています。

ここで少し私自身の仕事との関わりのことをお伝えさせてください。

私は1994年に印刷業界でキャリアをスタートしました。それはちょうどウィンドウズ95の登場前夜で、パソコンとインターネットが日本でも強烈なスピードで普及する瞬間を新人時代に目の当たりにしました。入りたての業界ではありましたが、「製版業は、デジタル化でなくなる」といわれていました。

そのため、入社3年時から、業態を変える新規プロジェクトや新部門の立ち上げに携わり、新しいビジネスの仕組みを考え続けるキャリアを歩んできました。事業構造や業務の転換、新規ビジネスの立ち上げに携わってきた25年間でした。常に、デジタル化や新しいシステムの導入、新しいビジネスをスタートする現場で走ってきたのです。

現在の一貫堂でも、同様に新しいことに取り組み続けています。事務用品を中心とした通販の代理店事業は大きく売上を伸ばしてきましたが、デジタル化、特にペーパーレス化が進行していく中で、職場から紙がなくなれば、紙を前提としていた事務用品の需要もなくなるのは必然です。

仕事の仕方、業務の在り方、時間の使い方のあらゆる場面で、「転換」が必要になります。

同時に、企業が抱える課題も大きく変化します。そうした変化に、いかに素早く対応し、持続的にビジネスに取り組むことができるかに、徹底的に対応していくことを目指して、ＫＯＢＵＹへの事業転換を行い、本書で見てきた成功事例をもたらすまでに成長してきました。

我々がどのような考えで「間接材購買業務の合理化」に取り組み、多くの企業や大学と取り組み浸透させてきたのか、本書でお伝えできたとすれば幸いです。

我々には一つの大きな夢があります。

それは、「間接材購買業務を０（ゼロ）にする」ということです。

ＫＯＢＵＹが調達をお手伝いしている間接材は企業や研究活動において必要不可欠なものです。しかし顧客に納品する製品や研究に直接的に関わるものではありません。間接材の購買にかかるあらゆる時間や業務は、顧客価値を生み出す活動と直接的に関わっていないため、労働生産性、顧客価値の創造をそれぞれ最大化しようと考えるのであれば、間接材購買に、人手も時間をかけてはならないのです。

現在も進行している生成ＡＩやテクノロジーの発達により、今後は人が介在しなくとも、「必要なものが必要な時に手元に届き、経費や原価の仕訳や支払が自動的にされる」将来が実現できると考えています。

これが実現できれば、より生産的でクリエイティブな業務に多くの時間を費やすことが可能となります。その時間こそが、顧客価値創造を最大化するための時間的な「原資」となるのです。

そして、この原資こそが、日本のあらゆる規模の企業が、労働生産性を高めながら価値創造に取り組み、日本の企業、日本経済が再び成長へと歩み始めるエネルギーとなるでしょう。

本書、そしてＫＯＢＵＹが、そうした日本のより活力ある未来へと転換していく一助になりましたら幸いです。

まだまだ学びの途中ですが、本書の執筆を通じて多くの新たな視点を得ることができました。読者の皆さまからのフィードバックも今後の活動の大きな励みとなります。ぜひ、本書に対するご意見やご感想をお寄せいただければ幸いです。

最後に、この書籍の出版に際して、貴重なアドバイスやサポートをくださった編集者の皆さまに心より感謝申し上げます。そして「ＫＯＢＵＹ」チームのメンバーにも、深い感謝の意を表します。ＫＯＢＵＹ事業部　営業部長　土屋壮史、ＫＯＢＵＹ事業部　カスタマーサクセスグループ　マネージャー　加藤昌孝、ＫＯＢＵＹ事業部　サプライヤーアライアンス　サブマネージャー　中島俊明。この３人をはじめとしたチームのメンバーとの対話が、本書の内容をより豊かなものにしてくれました。

２０２５年２月吉日

阿保　晴彦

著者紹介

阿保 晴彦（おかやす はるひこ）

株式会社一貫堂 常務取締役

2006年に一貫堂に入社後、営業組織強化、人事制度の整備、社内システムの整備・構築などに従事。現在は常務取締役として、新規事業の企画や事業成長戦略を担い、事業全体を牽引。購買プラットフォーム「KOBUY」の立ち上げを主導。

橋爪 康太郎　（はしづめ こうたろう）

株式会社一貫堂 取締役 KOBUY事業部 事業部長

「KOBUY」リリースと同時に東日本事業部長に就任。上場企業や学校法人を中心に数多くのプロジェクトに従事。現在はKOBUY事業部の事業部長として、豊富な現場経験と優れたマネジメントスキルを生かし、営業・カスタマーサクセス・サプライヤーアライアンスチームの各チームを統括。

失敗《しっぱい》しないDX

KOBUYが実現《じつげん》する真《しん》の仕事革命《しごとかくめい》

2025年3月27日　初版発行

著　者　　阿保 晴彦　橋爪 康太郎

発行者　　武部 隆

発行所　　株式会社時事通信ブランドスタジオ

発　売　　株式会社時事通信社

〒104-8178　東京都中央区銀座 5-15-8

電話 03(5565)2155 https://bookpub.jiji.com/

企画・編集協力　徳本昌大 増田浩一

監修・取材・執筆協力　松村太郎

装幀・本文デザイン　OKIKATA

組版DTP　マーリンクレイン

校正　溝口恵子

編集担当　坂本 建一郎

印刷／製本　吉原印刷株式会社

ISBN978-4-7887-2013-8　C0034　Printed in Japan

★本書のご感想をお寄せください。宛先はmbook@book.jiji.com